Thüringer Wald

Bernhard Pollmann

Thüringer Wald

mit Rennsteig

50 ausgewählte Wanderungen im Thüringer Wald,
davon 10 Wanderungen auf dem Rennsteig.

Mit 56 Farbfotos,
50 Wanderkärtchen im Maßstab 1 : 50 000 und 1 : 200 000
sowie Übersichtskarten im Maßstab 1 : 500 000 und 1 : 700 000

BERGVERLAG ROTHER GMBH • MÜNCHEN

Umschlagbild: Blick auf die Wartburg.

Bild gegenüber dem Titel (Seite 2): Trusetaler Wasserfall

Sämtliche Fotos von Bernhard Pollmann.

Kartographie:
Wanderkärtchen im Maßstab 1 : 50 000 und 1: 200 000 © Bergverlag
Rother GmbH, München (gezeichnet von Gerhard Tourneau, München);
Übersichtskärtchen im Maßstab 1 : 500 000 und 1 : 700 000
© Freytag & Berndt, Wien

2. Auflage 2001
© Bergverlag Rother GmbH, München
ISBN 3-7633-4047-5

Vorwort

Naturschönheit, Heilklima und Glanzorte deutscher Kultur und Geistesge-
schichte haben den Thüringer Wald zu einem der meistbesuchten deutschen Mittelgebirge werden lassen. Er ist ein Waldgebirge des stillen Dahin-
wanderns ebenso wie ein Gebirge dramatischer Felsszenerien und wild-
bachdurchbrauster Schluchten, ein Gebirge der Burgen, Schlösser, Parks
und Alleen ebenso wie ein Gebirge sagenumwobener Höhlen, Kapellen,
Quellen und Moore, blumengeschmückter Hochwiesen, romantischer Talgründe und artenreicher Laubwälder – und immer wieder das Gebirge der
weltentrückten Ruhe der Wälder mit ihren Felsen, von denen der Blick fast
endlos auf das weite thüringische Land schweift. Auf dem Kamm des Gebirges verläuft der Rennsteig, der wohl bekannteste deutsche Weitwanderweg.
Auf einem der markantesten Berge des Gebirges, dem Kickelhahn, dichtete
ein junger Wandersmann, Goethe, das berühmteste deutsche Wanderlied:
Über allen Gipfeln ist Ruh.
Unter den Hunderten von Wandermöglichkeiten trifft dieser Führer eine
Auswahl, die in Teilen das angrenzende Thüringer Schiefergebirge einbe-
zieht: Es bildet mit dem Thüringer Wald eine naturräumliche Einheit, die dank
ihrer landschaftlichen Schönheit und ihrer landschaftsangepaßten Kultur als
»Naturpark Thüringer Wald« ausgewiesen wurde. Die Wanderungen führen
zu vielbesuchten Zielen wie Inselsberg, Drachenschlucht und Mommelstein
ebenso wie zu weniger bekannten Perlen dieses an Schönheiten so reichen
Gebiets, das Tourenmöglichkeiten für nahezu alle Ansprüche bietet:
Familien mit Kindern und gesellige Wandergruppen kommen ebenso auf
ihre Kosten wie Abenteuerfreudige, dank der zahlreichen für den öffentlichen
Verkehr gesperrten Wirtschaftswege ist der Thüringer Wald ein vorzügliches
Radwandergebiet, als Wintersporthochburg und Langlaufparadies ist er international bekannt, die köstliche Thüringer Küche läßt so manche Wande-
rung zur Schlemmertour werden, und der Rennsteig zieht mehr und mehr
junge »Wandervögel«, aber auch in erstaunlicher Vielzahl »Trekker« an – eine
Weitwanderung von mindestens 170 Kilometern ohne retour.
Versuchen wir, bei unseren Wanderungen behutsam mit dem Waldgebirge
umzugehen! Grundvoraussetzung ist die Achtung vor der Natur.

Emden, im Frühjahr 2001   Bernhard Pollmann

Inhaltsverzeichnis

Wandern im Thüringer Wald

Keilförmig zugespitzt steigt der Thüringer Wald bei Eisenach im Mündungswinkel von Hörsel und Werra auf und erhebt sich zu einem fast durchgehend bewaldeten, in den Hochlagen kaum besiedelten Kammgebirge in der Mitte Deutschlands. Auf einer Länge von rund 80 km streicht der sanft geschwungene Waldkamm mit seinen gerundeten Gipfeln und hochliegenden Pässen nach Südosten und geht auf der Linie Gehren – Langer Berg in das Thüringer Schiefergebirge über.

Während das rund 20 km breite Schiefergebirge eine durch Mulden, Täler und Berge reich gegliederte, aber doch siedlungsfreundliche Pultscholle bildet, präsentiert sich der nur 5 bis 10 km schmale Thüringer Wald als echter Kamm, obwohl auch er einst eine Scholle war: Steil hoben Erdkräfte die spitz zulaufende Scholle vor 60 Millionen Jahren über die Umgebung hinaus, und von Bruchkanten begleitete Steilabfälle prägen bis heute das Landschaftsbild. Die Wasser, den schnellsten Weg ins tieferliegende Land suchend, haben die schmale Scholle durch Erosion fast vollständig zerschnitten, in Schluchten und Täler zerteilt und vom einstigen Plateau nur den die Wasserscheide bildenden Hauptkamm übriggelassen – als First, über den der Rennsteig verläuft und auf dem sich als höchste Gipfel die Vulkangesteinshärtlinge von Inselsberg, Beerberg und Schneekopf erheben.

In tief eingeschnittenen, steilwandigen Tälern und Gründen brausen die am Hauptkamm entspringenden Bäche und Flüsse dem Land am Fuß des Gebirges zu: dem von der Saale durchflossenen Thüringer Becken im Nordosten, dem Werratal im Südwesten. Während niedrige Vorberge und Hügel das Waldgebirge von der Weitung des fruchtbaren Thüringer Beckens trennen, bildet das weite Tal der Werra über weite Strecken die Grenze zu den Kuppen der Rhön.

Der Wechsel zwischen den Gesteinen des Rotliegenden – Porphyre und hart verkittete Konglomerate – und dem Schiefersystem mit seinen Tonschiefern, Grauwacken und Quarziten markiert geologisch die Grenze zwischen Thüringer Wald und Schiefergebirge. Dieser Grenzbereich bildet zugleich einen bedeutenden Quellknoten an der Wasserscheide zwischen Weser, Rhein und Elbe: Nach Norden fließt die Schwarza der Saale und damit der Elbe zu; die Werra eilt nach Südwesten, wo sie sich in Hannoversch Münden mit der Fulda zur Weser vereinigt; im Südosten fließen die Bäche dem Main zu, und dieser ergießt sich gegenüber von Mainz in den Rhein. Weser, Rhein, Elbe: Der Dreistromstein am Rennsteig markiert diesen Drei-Ströme-Quellknoten im Herzen von Deutschland.

Alte Laubbäume erinnern an die Zeiten, als der Thüringer Wald noch überwiegend ein Laubwald war. Im Bild die »Teufelsbuche« (Wanderung 48) am Rennsteig: Noch im November, dem Nebelmonat, trägt sie ihre Blätter.

Der Wald

Laub- und Laubmischwälder aus Buchen, Ahornbäumen, Eichen, Tannen und Fichten, in exponierteren Felslagen Eberesche und Birke und in den niederschlagsreichen höchsten Kammregionen undurchdringliche Bergfichtengesellschaften schmückten das Waldgebirge bis weit ins Mittelalter hinein. Der Vergleich zwischen Großem Inselsberg (916,5 m) und Großem Beerberg (982,9 m) unterstreicht bis heute die Verschiedenartigkeit des natürlichen Waldes auf dem Hauptkamm: Während im Gipfelbereich des Inselsbergs der höchstgelegene Buchenwald Thüringens wächst, erwarten im Gebiet von Beerberg und Schneekopf ausgedehnte Moorflächen mit natürlichen Bergfichtenbeständen. Dieser artenreiche Thüringer Wald war so stark und gesund, daß die Samen seiner Bäume – zum Beispiel aus dem Lauchagrund, in dem noch heute Tannen in teils beachtlichen Exemplaren leben – früher weithin gehandelt wurden.

Wie auch in den anderen deutschen Mittelgebirgen wurde der gesunde »Wald« in Thüringen weitflächig abgetrieben und durch Dauermonokulturen aus raschwüchsigem Fichtenplantat ersetzt: Kalkbomben-Hubschrauber und andere Rettungsvorrichtungen verdeutlichen, wie ernst es um diesen standortwidrigen, krankheitsanfälligen Forst mit Kahlschlägen, Windwurfflächen und Borkenkäferfraß steht. Aber noch gibt es viele Stellen, an denen naturnaher Laub- und Laubmischwald empfängt, und sie zählen zu den schönsten Wandergebieten. Ein Relikt der Laubbaumzeit sind auch die alleeartig von uralten Ahornbäumen und Buchen flankierten Wanderwege. Bei ihnen handelt es sich oft um ehemalige Viehtriften.

Wald der Steine

Vom Reichtum und der Vielfalt seiner Gesteine her zählt der Thüringer Wald zu den abwechslungsreichsten und interessantesten deutschen Mittelgebirgen. Zu über 50% ist er ein Gebirge des Rotliegenden: Seine oft dunkelrot gefärbten Felsen bestehen aus widerstandsfähigen Porphyren, vulkanischem Gestein, sowie aus Konglomeraten, d.h. durch natürliche Bindemittel hart verkitteten Gesteinströmmern. Die bedeutendsten Kletterreviere des Thüringer Waldes liegen fast ausnahmslos in den Porphyr- und Konglomeratgebieten des Rotliegenden (Lauchagrund, Falkenstein), die höchsten Gipfel sind Härtlinge aus Porphyr:

982,9 m	Großer Beerberg	Wanderung 46
978,0 m	Schneekopf	Wanderung 29
944,1 m	Großer Finsterberg	Wanderung 32
916,5 m	Großer Inselsberg	Wanderungen 10-13, 43, 44

Während die Konglomerate und Porphyre des Rotliegenden der Verwitterung erfolgreich widerstanden, wurden die vergleichsweise weichen Granite und Gneise weitflächig ausgeräumt: Auf diese Weise entstanden die mulden- oder beckenartigen Senken um Brotterode, Zella-Mehlis und Suhl.

Der Eingang zur Venushöhle im Muschelkalkzug der Hörselberge.

Zwischen Ruhla und Brotterode ist auch der Kamm des Thüringer Waldes aus Graniten aufgebaut: Auf dem Gerberstein (Wanderung 43) und auf dem Klöckler (= Glöckner; Wanderung 42) mit ihren wollsackverwitterten Felsen und Blockmeeren sind die Erosionsvorgänge im Granit fast lehrbuchartig zu betrachten.

Zu den wohl abwechslungsreichsten Gebieten zählen die bis zu 100 Meter mächtigen Kalkriffe am Rand des Gebirges mit ihren Höhlen, grotesk geformten Felsen und ihrem botanischen Reichtum. Aufgebaut wurden diese widerstandsfähigen Riffkalkhärtlinge in der Zechsteinzeit, als ein salzreiches Meer über dem nachmaligen Thüringer Wald wogte. Muscheln, Moostierchen, Algen und andere Lebewesen, die unter Verwendung des im Meerwasser vorhandenen Kohlendioxids Kalk ausfällen können, haben diese Riffe im Meer aufgebaut. Die bedeutendsten Kalkriffe sind der Altenstein mit dem gleichnamigen Landschaftspark und der berühmten Konzerthöhle (Wanderung 7), der Bad Liebensteiner Burgberg (Wanderung 8) und die Wartberge (Wanderung 6) bei Thal. Der Muschelkalkzug der Hörselberge (Wanderung 1) zählt zu den berühmtesten Orten der deutschen Mythologie.

Wald der Wiesen

Charakteristisch für den Thüringer Wald sind die Bergwiesen mit ihrem prachtvollen Blumenschmuck. Wie die Hochweiden im Schwarzwald, die Wiesen im Riesengebirge oder die Chaumes in den Vogesen sind sie im Mittelalter durch Rodung des nassen, wirtschaftlich kaum verwertbaren Wal-

Jungfernborn

Ebertswiese

DER JUNGFERNBORN

Vor vielen Jahren trieb der Hirte von Seligenthal sein Vieh an diesem Brünnlein vorüber. Auf dem Rückweg, gegen Mitternacht, sah er hier eine schöne Jungfer Wäsche waschen. Das Mädchen mußte niesen. Der Hirte wünschte Gesundheit. Sie nieste mehrere Male, dankte dem Hirten jedoch nicht für sein „Gesundheit". Beim siebenten Male sagte der Mann: Ach rutsch mir doch den Buckel runter. Da ward die Jungfer traurig – hätte sie doch der Hirte beim siebenten Male erlöst. Sie verschwand und kehrt nur alle sieben Jahre bei Mitternacht zurück, um ihre Wäsche zu waschen – und erlöst zu werden.

des entstanden und dienten der Sömmerung des Viehs oder als Pferdeweiden. Auf diesen oft vermoorten Wiesen mit ihren Borstgrasmatten ist eine artenreiche Pflanzen- und Tierwelt heimisch geworden: Trollblume, Arnika (= der mitteleuropäische Bergwohlverleih), Schlüsselblume, Glockenblume, Birkhuhn, Bekassine, Braunkehlchen usw. Zu den bekanntesten Bergwiesen zählt die Ebertswiese, in der sich die Quellbäche der Spitter sammeln (Wanderungen 20 und 21), aber auf den Wanderungen begegnen uns Dutzende weiterer Wiesen – Hirschbalzwiese, Teufelswiese, Glasbachwiese usw. Teilweise werden sie weiterhin von Kühen als natürlichen Landschaftspflegerinnen beweidet, aber es ist auch zu beobachten, daß sie nun maschinell geschnitten werden.

Wald der Quellen

Mit seinem Niederschlagsreichtum und den hohen Abflußhöhen steht der Thüringer Wald in deutlichem Gegensatz zum wasserarmen Thüringer Becken. Die Vulkangesteine und Konglomerate des Waldgebirges können aufgrund ihrer kompakten Struktur kaum Wasser aufnehmen, so daß das Niederschlagswasser nicht einsickert, sondern oberflächig abfließt. Dies hat seit dem Beginn des 20. Jahrhunderts in der zum Thüringer Becken ausgerichteten Nordostflanke zum Bau von Dutzenden von Wasserauffangbecken geführt, die überwiegend als Trinkwasserreservoire (kein Wassersport), aber auch zur Wasserstandsregulierung (Vermeidung von Überschwemmungen) genutzt werden. Die 1905 fertiggestellte Gothaer Talsperre bei Tambach-Dietharz, der Trinkwasserversorgung von Gotha dienend, war die erste Talsperre Thüringens überhaupt. Während dieses Becken für ein Stauvermögen von 0,8 Mio. m^3 konzipiert war, haben die in der zweiten Hälfte des 20. Jahrhunderts errichteten Talsperren ganz andere Größenordnungen erreicht; dabei wurden Täler vernichtet, die zu den schönsten des Thüringer Waldes zählten, z.B. der Schmalwassergrund (Wanderung 22).

Wald der Burgen

Zahlreich sind die Ruinen mittelalterlicher Feudalburgen im Thüringer Wald und auf dem Schiefergebirge. Sie sind Relikte des Feudalismus, der sich nach der Christianisierung herausbildete: Grafen, Äbte, Bischöfe, Herzöge und andere weltliche und kirchliche Feudalherren ließen Militärburgen zur Sicherung »ihrer« Territorien errichten. Viele dieser Feudalburgen waren schon in vorfeudaler Zeit Burgen, hatten damals jedoch keine militärische Funktion: Mühlburg (Funde seit der Steinzeit), Wartburg (Funde seit keltischer Zeit), Falkenburgstein (Funde seit germanischer Zeit), Burgberg über dem Tannengrund, die Burgberge der Drei Gleichen usw.

Wie hier am Jungfernborn beim Falkenburgstein (Wanderung 19) weisen auch andernorts Info-Tafeln auf den Sagenreichtum des Thüringer Waldes hin.

Wald der »Herren«

Berühmt sind die »Dreiherrensteine« und über 1000 andere Grenzsteine am Rennsteig. Während in der napoleonischen Ära zu Beginn des 19. Jahrhunderts die meisten deutschen Klein- und Kleinststaaten des »Heiligen Römischen Reiches deutscher Nation« verschwanden, hat diese politische Flurbereinigung in Thüringen nicht stattgefunden: Die Fürstentümer blieben weiter bestehen, erst durch die Gründung des Landes Thüringen im Jahr 1920 wurden sie aufgehoben. Auch wer sich für Geschichte nicht interessiert, wird durch Grenzsteine, »Dreiherrensteine«, preußische Adler usw. nicht nur auf dem Rennsteig permanent damit konfrontiert.

Noch im ausgehenden 19. Jahrhundert teilten sich folgende Staaten den Besitz des Thüringer Waldes.

Sachsen-Weimar-Eisenach: Zu diesem Großherzogtum mit Residenz in Weimar gehörten im Thüringer Wald das Gebiet um Eisenach bis ins Tal von Ruhla (»Erbstrom«) und als Enklave das Gebiet um die Stadt Ilmenau mit dem Kickelhahn.

Sachsen-Coburg und Gotha: Herzogtum, bestehend aus den Herzogtümern Gotha (1920 zu Thüringen) und Coburg (1920 zu Bayern). Das Herzogtum Gotha umfaßte unter anderem den Nordostabsturz des Thüringer Waldes zwischen dem »Erbstrom« (Grenzfluß zwischen Gotha und Sachsen-Weimar-Eisenach) im Nordosten und der eisenachischen Enklave Ilmenau im Südosten.

Preußen: Königreich, das 1815 vom Königreich Sachsen den Thüringischen Kreis (um Suhl) erhielt und 1866 die hessische Enklave Schmalkalden annektierte. Schmalkalden umfaßte den Südwesthang des Thüringer Waldes von Brotterode im Norden bis Steinbach-Hallenberg im Süden. Den Großen Inselsberg teilte sich das hessische bzw. preußische Schmalkalden mit Gotha. Die preußischen Gebiete im Thüringer Wald kamen erst nach der Auflösung Preußens (1945) an das Land Thüringen.

Sachsen-Meiningen (Hildburghausen): Herzogtum im Südbereich des Thüringer Waldes und des Schiefergebirges, Residenz in Hildburghausen.

Schwarzburg-Rudolstadt: Fürstentum, seit 1920 Teil von Thüringen. Residenz: Rudolstadt.

Schwarzburg-Sondershausen: Fürstentum, »Oberherrschaft« im Vorland des Thüringer Waldes um Arnstadt, Residenzstadt war Sondershausen, vorübergehend auch Gehren.

Reuß: Fürstentum, bestehend aus den Fürstentümern Reuß jüngere Linie (Residenz Gera) und Reuß ältere Linie (Residenz Greiz).

Als im Jahr 1918 die thüringischen Landesfürsten abdankten, verstärkten sich in den Nachfolgestaaten die Vereinigungsbestrebungen. 1920 wurden die ehemaligen Herzogtümer und Fürstentümer zum Freistaat Thüringen vereinigt. Lediglich die Einwohner des ehemaligen Herzogtums Coburg, das zum Herzogtum Sachsen-Coburg-Gotha gehört hatte, votierten in einem

Volksentscheid für den Anschluß an den Freistaat Bayern. Die 1866 von Preußen annektierten Gebiete blieben bis zur Auflösung Preußens (1945) bei Preußen.

Außer Grenzsteinen und »Dreiherrensteinen« finden sich am Rennsteig auch Steinsetzungen, die nicht der Absteckung von Territorien dienten – wie das Possenröder Kreuz, das 1522 erstmals erwähnt wird und zu den ältesten erhaltenen Steinsetzungen am Rennsteig zählt. All diese Steine haben einen großen geschichtlichen und kulturgeschichtlichen Wert. Lassen Sie sie unangetastet!

Informationen und Adressen

Anforderungen

Da der Thüringer Wald ein recht niedriges Gebirge ist, stellen die Anstiege keine oder kaum Ansprüche an die Kondition. Die Kilometer- und Höhenmeterangaben sind ein Hinweis auf die Kondition, die mitgebracht werden muß, damit das Wandern Spaß macht. Die Stundenangabe ist nur ein vager Anhaltspunkt: Luftfeuchtigkeit, Temperatur, Beschaffenheit des Geländes je nach Jahreszeit, Witterung und Wetter (Trockenheit, Schnee, Glätte, aufgeweichter Boden), die persönliche Verfassung, die Rücksichtnahme auf eventuell schwächere Partner und viele andere Faktoren bestimmen die tatsächliche Gehzeit.

Orientierungssinn: Die namentliche Ausschilderung ist im allgemeinen so gut, daß der Orientierungssinn nicht oder nur kaum gefordert wird. Abseits des Rennsteigs fehlen oft Markierungen, auch sind alte Ausschilderungen häufig abmontiert. Die Routenbeschreibungen dieses Führers sind an solchen Stellen entsprechend genauer.

Auskunft

Wer allgemeine touristische Informationen sucht und sich Gastgeberverzeichnisse, Übersichten über Angelmöglichkeiten, Museen, Bäder, Sportstätten, Radwandertouren usw. zuschicken lassen möchte, wendet sich an folgende Verbände:

– Thüringer Landesfremdenverkehrsverband, Tschaikowskistraße 11, 99096 Erfurt, Tel.: 0361-3735468, Fax: 0361-3735464

– Fremdenverkehrsverband Thüringer Wald, August-Bebel-Straße 16, 98527 Suhl, Tel.: 03681-39450, Fax: 03681-722179.

Wer gezielt Informationen über bestimmte Orte sucht, fragt bei den Kurverwaltungen oder Verkehrsvereinen nach; Adressen und Telefonnummern sind bei den oben genannten Verbänden erhältlich. Darüber hinaus hat fast jede Institution, Stadt und Gemeinde ihre eigene Seite im Internet mit hilfreichen Tips und weiterführenden Links. Am einfachsten gelangt man auf die entsprechenden Websites, indem man einen Begriff in eine Internet-Suchmaschine eingibt, z.B. »Thüringer+Wald«, »Eisenach« oder »Rennsteig«.

Karten

Das Thüringer Landesvermessungsamt gibt die Freizeitkartenserie »Thüringer Wald« im Maßstab 1: 25 000 heraus (»topographische Freizeitkarte); darin sind Wanderwege, Loipen und Radtouren eingezeichnet. Speziell für den Rennsteig gibt das Thüringer Landesvermessungsamt die aus fünf Blättern bestehende Topographische Karte 1: 50 000 »Rennsteig« heraus.

Die den Wandervorschlägen beigegebenen farbigen Karten mit Routeneintragungen ermöglichen während den Wanderungen meistens problemlose

Orientierung. Wird die Kartenorientierung durch die Kleinteiligkeit einer Landschaft beeinträchtigt, ist die Routenbeschreibung genauer. Die Kartenausschnitte zeigen auch die Umgebung der Route: Möglichkeit für Abstecher.

Öffentliche Verkehrsmittel

Nahezu alle Ausgangspunkte dieses Führers sind mit Bus oder Bahn zu erreichen. Für Rennsteig-Kurzwanderer sei besonders auf die »Rennsteiglinie« hingewiesen. Die Busse halten an folgenden Stationen: Oberhof – Rondell – Schmücke – Mordfleck – Kreuzung Eisenberg – Schmiedefeld Kino – Kreuzung Rennsteig – Frauenwald – Allzunah – Dreiherrenstein – Neustadt am Rennsteig – Kahlert – Schwalbenhaupt – Masserberg.

Rennsteig

Siehe Seite 114.

Übernachtung

Die zentralen Auskunftsstellen des Thüringer Waldes verschicken aktuelle Gastgeberverzeichnisse und die Liste der Fremdenverkehrsämter und Campingplätze, beraten und sind bei der Buchung behilflich. Das Prospektmaterial verzeichnet Unterkunftsmöglichkeiten jeder Preis- und Ausstattungskategorie; einen Schwerpunkt bilden Angebote für Wanderer, da der Thüringer Wald ein Wander- und Radwandergebirge ist. Das Gesamtverzeichnis der Jugendherbergen mit Links zu Internetseiten einzelner Jugendherbergen ist auf folgender Internetseite erhältlich: www.djh.de
Da der Rennsteig ein vielbegangener und -beradelter Wanderweg, ist eine Buchung der Übernachtung auch in der Nebensaison zu empfehlen.

Zum Gebrauch des Führers

Eine Übersicht mit den wichtigsten Informationen zu jeder Wanderung leitet die Routenbeschreibungen ein.
Talort: Kurze Vorstellung des Orts, in oder bei dem die Wanderung beginnt.
Ausgangspunkt: Hinweis, wo und auf welcher Höhe über NN der Bahnhof bzw. die Bushaltestelle, an der die Wanderung beginnt, liegt, in welcher Himmelsrichtung vom Talort er zu finden und mit welchem Verkehrsmittel er zu erreichen ist.
Weglänge: Zahl der Kilometer und Hinweis darauf, ob es sich um eine Rund- oder Streckenwanderung handelt.
Anstieg: Die im Anstieg zu bewältigenden Höhenmeter sind aufgerundet auf die nächsten 50 (600 statt 578 Höhenmeter). Gehen Sie davon aus, daß zum Aufstieg in der Regel ein gleich hoher Abstieg hinzukommt.
Gehzeit: Zahl der Stunden, die durchschnittlich benötigt werden (vgl. S. 16).
Einkehr: Die Einkehrmöglichkeiten sind in Etappen mit Kilometerangabe genannt (0 km = am Ausgangspunkt).

Naturpark Thüringer Wald

Der »Naturpark Thüringer Wald« umfaßt den Thüringer Wald, das westliche Thüringer Schiefergebirge und Teile des Gebirgsvorlandes. Er erstreckt sich auf einer Länge von über 100 km von Hörschel bei Eisenach bis Hasenthal bei Neuhaus und deckt eine Fläche von 2000 km^2. Das Naturpark-Informationszentrum befindet sich in Friedrichshöhe (Wanderung 48), einem der kleinsten Dörfer Mitteleuropas.

Die über Jahrhunderte hinweg entstandene, einmalige Kultur-Natur-Landschaft des »Naturparks Thüringer Wald« wird geprägt durch bewaldete Bergrücken und mosaikartig eingestreute Wiesen und Grünlandflächen, durch Ackerterrassen und den Talverläufen folgende Siedlungen, durch harmonisch gewachsene Dörfer mit landschaftstypischen Bauten und Ortsbildern. Wie auch andernorts in Deutschland ist in diese Kultur-Natur-Landschaft vor allem im 20. Jahrhundert störend eingegriffen worden. Diese Störungen sind so schwer, daß der Thüringer Wald in seinem Bestand bedroht erscheint – von diesem Gedanken geht der Träger des »Naturparks Thüringer Wald« aus und fordert den Schutz und die Pflege des Waldgebirges. Somit unterscheiden sich die Ziele des »Naturparks Thüringer Wald« grundlegend von denen früherer Naturparks. Der Begriff »Naturpark« wurde in der Bundesrepublik zur Zeit des Wirtschaftswunders in den ausgehenden 50er Jahren geprägt und stand im Gegensatz zum »Stadtpark«. Großräumige Kulturlandschaften, die natürliche Voraussetzungen für die Erholung aufwiesen, wurden als »Parks« für automobile Erholungssuchende aus den Ballungsräumen erschlossen. Der »Naturpark Thüringer Wald« hingegen geht davon aus, daß der Thüringer Wald des Schutzes bedarf und stellt das Miteinander von Natur und Mensch in den Mittelpunkt seiner Arbeit:

– Die Menschen sollen den Thüringer Wald *verstehen* lernen (z.B. Anlage von Naturlehrpfaden).
– Die Menschen sollen sich im Thüringer Wald in *intakter* Natur erholen können (z.B. Umbau naturfremder Fichtenforste zu standortgerechten Wäldern).
– Entwicklung eines naturverträglichen Fremdenverkehrs (Schaffung eines attraktiven Verkehrsverbundes von »Schusters Rappen« bis ICE).
– Naturraumentsprechende Formen der Erholung (ein Techno-Freizeit-Spaß-Park wäre keine naturraumentsprechende Form der Erholung).
– Naturerleben und Landschaftspflege (z.B. nicht nur Unterschutzstellung der artenreichen Bergwiesen, sondern auch ihre Pflege durch traditionelle Bewirtschaftungsformen wie Beweidung durch Schafe).
– Verbindung von Gegenwart und Tradition.
– Naturschutz durch Besucherlenkung (Wegegebot in ökologisch sensiblen Gebieten).

Schafherde im Kanzlersgrund unterhalb der Schanzenbaude.

Der Naturparkträger vergibt das Prädikat »Naturparkgemeinde« als Güte-siegel für naturverträgliche Erholung. Signet der »Naturparkgemeinden« ist die Arnika, eine der Heilpflanzen des Thüringer Waldes.

1 Schönau – Venushöhle – Großer Hörselberg

Laubwaldspaziergang über Klippen auf den »Venusberg«

Talort Wutha-Farnroda: Die Gemeinde Wutha-Farnroda (240 m, 8300 Ew.) liegt östlich von Eisenach im Wartburgkreis im Hörseltal zwischen Hörselbergen und Thüringer Wald.
Ausgangspunkt: Bahnhof Schönau (250 m) in Wutha-Farnroda an der Linie Eisenach – Wutha-Farnroda – Gotha.
Weglänge: 8 km Rundwanderung.
Anstiege: 300 Höhenmeter.
Gehzeit: 3 Stunden.
Einkehr: Hörselberghaus (4 km).

Die von reichem Pflanzen- und Waldkleid geschmückten Hörselberge sind eine von Spalten und Klufthöhlen durchzogene Muschelkalkrippe, die im Großen Hörselberg (484 m) gipfelt. Sie bieten eine einzigartige Aussicht auf den Thüringer Wald und das östliche Vorland. Wer über die Hörselberge wandert, befindet sich in einem Naturparadies: In den Buchenwäldern wachsen Orchideen, Bingelkraut und Waldmeister. Auf wilden Wiesen findet man Heilkräuter, Thymian, Aronstab, Schlüsselblumen, Fransenenzian und andere seltene Pflanzen. Im Frühjahr öffnen Tausende von Märzenbechern ihre grün bespitzten Glocken. Auf den Kalkklippen wuchern Felssträucher wie die Zwergmispel, der Schlehdorn, der blutrote Hornstrauch und wilde Rosen. Und in diesem Paradies haben, wie die Legenden und die Sagen wissen, die holde Frau Holle und die reizende Frau Venus ihren Wohnsitz.

Vom **Bahnhof Schönau** führt der Weg über die Hörsel, quert die historische Handelsstraße (»Königsweg«) Leipzig – Erfurt – Frankfurt am Main und hält aufwärts im naturschönen **Zapfengrund**, einer Erosionsschlucht im Buntsandstein mit Eichenmischwäldern und prächtigen Rotbuchen. Im Frühjahr blühen hier Leberblümchen, Anemonen und Maiglöckchen. Nach Unterqueren der Autobahn geht es halb rechts hinauf zum **Jesusbrünnlein**, einem alten Quellheiligtum, vor dem zwei Linden stehen. Vom Brünnlein folgen wir einem Pfad mit Richtungsangabe *Hörselberghaus* im Wald aufwärts, bald öffnet sich rechts eine **Kräuterwiese**. Diese Wiese wird aufgrund der zahlreichen Kräuterarten, die hier wachsen, Apotheke genannt und darf aus Naturschutzgründen nicht betreten werden. Von der Kräuterwiese leitet der Waldpfad hinauf zur sagenumwobenen **Venushöhle** im sonnigen Steilhang über dem Hörseltal. Die von Karstwassern ausgespülte, feuchte Felsspalte verläuft waagerecht und ist mit einer Taschenlampe gut begehbar.

Von der Venushöhle führt der Pfad mit einzigartigem Panorama zum **Hörselberghaus**, einem 1890 auf dem Gipfel des **Großen Hörselbergs** errichteten Gasthaus. Vor dem Gasthaus bietet sich erneut eine hervorragende Aussicht. Eine der Kalkklippen am Großen Hörselberg ist als **Hollenburg** ausgeschildert. Nach den Sagen soll Frau Holle dort in guter Nachbarschaft mit Frau Venus ihre Burg haben und alljährlich zur winterlichen Hollenfahrt (wilde Jagd) aufbrechen.

Vom Hörselberghaus kehren wir zurück zur Verzweigung und biegen rechts auf den mit dem Zeichen *grüner Strich* markierten Kammpfad ab. Er taucht in artenreichen Laubwald ein und folgt schließlich als Pfad dem Kamm. Dieser Kammpfad, den alte Grenzsteine säumen, ist äußerst naturnah und schön. Das gilt für den gesamten Kamm des Hörselbergzugs, doch seit 1986 lärmt hier die Autobahn, und die rückt nach einer Weile allzu nah. So zweigen wir an der Grenze des Naturschutzgebiets, wo Sitzbank und Tisch zur Rast einladen, links auf den *Jesusbrünnlein*-Pfad ab. Er leitet zum Brünnlein hinab, der weitere Rückweg durch den Zapfengrund ist identisch mit dem Hinweg.

Blick vom Großen Hörselberg zum Kamm des Thüringer Waldes. Am Horizont (links) zeigt sich der Hochrücken des Großen Inselsbergs.

2 Eisenach – Metilstein – Wartburg

Kulturwanderung zu den Eisenacher Burgbergen

Talort Eisenach: Die Stadt Eisenach (220 m, 44 500 Ew.), Geburtsort von Johann Sebastian Bach, liegt im Wartburgkreis am Nordrand des Thüringer Waldes an der Mündung der Nesse in die Hörsel. Der Name Eisenach (»Isinaha«) verweist auf die frühe Eisengewinnung an diesem Platz. Nach Gründung der Wartburg 1067 war Eisenach bis 1247 ein Vorort der alten Landgrafschaft Thüringen, 1596 wurde die Stadt Residenz des Herzogtums Sachsen-Eisenach, das 1741 im Herzogtum Sachsen-Weimar-Eisenach aufging.

Ausgangspunkt: Hauptbahnhof Eisenach (220 m).

Weglänge: 7 km Rundwanderung.

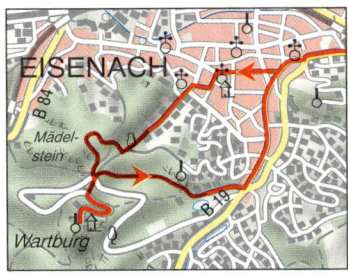

Anstiege: 250 Höhenmeter.

Gehzeit: 3 Stunden.

Einkehr: Eisenach (0 km), Wartburg (3 km).

Von der historischen Altstadt Eisenachs leitet diese Wanderung zum aussichtsreichen Mädelstein auf dem Schloßberg und weiter zur Wartburg, einer der bedeutendsten wiederhergestellten Burganlagen Deutschlands.

Aus dem **Bahnhof Eisenach** tretend, gehen wir rechts durch die Bahnhofstraße zum romanischen **Nikolaitor**, dem einzigen erhaltenen Stadttorturm, und erreichen die romanische **Nikolaikirche** am Karlsplatz mit einer Lutherstatue von Adolf Donndorf (1895). Vom Ende des Platzes leitet die als Fußgängerzone ausgewiesene Karlstraße rechts zum **Markt**, dem Mittelpunkt der alten Stadt mit der ursprünglich romanischen, ab 1515 mehrfach umgebauten **Georgskirche**, in der 1221 die 14-jährige heilige Elisabeth und Landgraf Ludwig IV. heirateten, in der Luther predigte, Johann Sebastian Bach getauft wurde und die Grabsteine der thüringischen Landgrafen aufgestellt sind. Den Marktplatz umgeben Repräsentativbauten wie das ehemalige **Stadtschloß** (um 1750, heute Thüringer Museum) und das **Rathaus** im ehemaligen städtischen Weinkeller, der im Stil der Renaissance 1564 umgebaut wurde. Beim Brunnen vor der Georgskirche zweigen wir rechts in die Untere Predigergasse ab und gelangen zum Predigerplatz mit dem ehemaligen **Dominikanerkloster** (um 1230, heute Thüringer Museum und Martin-Luther-Gymnasium). Vor der lang gestreckten ehemaligen Klosterkirche gehen wir links hinauf, vorbei am Informationszentrum Wartburg und Resten der Stadtmauer und dann geradeaus aufwärts auf den von Ahornbäumen, Buchen, Eschen und Eichen geschmückten **Schloßberg**. An der höchsten Stelle des Wegs weist ein Schild rechts hinauf zum **Metilstein**. Der Metil- oder Mädelstein, ein hervorragender Rastplatz, ist ein Felsmassiv mit wun-

Von der Wartburg fällt der Blick zum Kamm des Thüringer Waldes.

dervollem Blick zur Wartburg, über die Villenviertel Eisenachs hinweg zum Burschenschaftsdenkmal und auf die Hörselberge sowie zum Großen Inselsberg. Oberhalb des Mädelsteins finden sich auf dem Gipfel des Schloßbergs (251 m) die Ruinen einer Feudalburg, die unsicher ins frühe Mittelalter datiert wird. Im westlichen Steilhang unterhalb der Ruinen steht die sagenumwobene Felsformation Mönch und Nonne.

Nach diesem Abstecher führt unser Weg hinab zur **Eselsstation** (Aufstieg zur Wartburg reitend auf Esel möglich) im Sattel zwischen Schloßberg und Wartburg. Der Eselsweg führt steil hinauf zur aussichtsreichen Schanze vor der **Wartburg**, die auf einem 180 m langen und bis zu 45 m breiten, allseitig steil abstürzenden Felsplateau thront. Wenn wir das Burggelände wieder über die Zugbrücke verlassen, können wir unter der Zugbrücke zur Sängerwiese weiterwandern (Wanderung 3).

Von der Wartburg kehren wir zurück zur Eselsstation und wandern hier rechts hinab auf dem *grün* markierten *Reuterweg*, benannt nach dem Schriftsteller Fritz Reuter (Eisenach 1874). Der Weg führt durch die alten Baumbestände des **Haintals** (Vogelschutzgebiet) hinab zum **Reuter-Wagner-Museum** (Museum für Fritz Reuter und Richard Wagner). Unten an der B 19 geht es links zum Bahnhof, es ist aber schöner, schon vor der Bundesstraße links zurück in die Altstadt zu gehen über den **Frauenplan** mit dem **Bachhaus**. Man kommt dann an der Nikolaikirche wieder heraus.

3 Wartburg – Drachenschlucht – Eliashöhle

Durch die wilden Schluchten von Eisenach

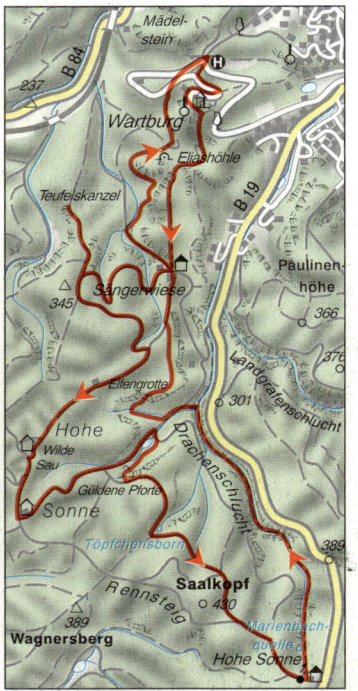

Talort Eisenach: Siehe Wanderung 2.
Ausgangspunkt: Bushaltestelle Wartburg-schleife (330 m) an der Eselsstation unterhalb der Wartburg in Eisenach; hier gibt es auch einen gebührenpflichtigen Großparkplatz. Die Parkplatzgebühr beträgt 5 DM, die Busfahrt vom Bahnhof aus kostet 1,50 DM.
Weglänge: 17 km Rundwanderung.
Anstiege: 500 Höhenmeter.
Gehzeit: 5 Stunden.
Einkehr: Wartburg (0 km), Sängerwiese (2,5 km), Hohe Sonne (10 km).

Diese schöne, abwechslungsreiche Wanderung zwischen Wartburg und Hoher Sonne führt zu wilden Schluchten und Klammen, zu Höhlen und zur Elfengrotte.
Von der *Wartburgschleife* geht es wie bei Wanderung 2 hinauf zur **Wartburg**. Unter der Zugbrücke der Burg weist das Schild *Sängerwiese* auf einen Serpentinenweg, der steil abwärts führt, bis an der ersten Verzweigung die Markierung *blau x* die Routenführung übernimmt und durch schöne Eichen- und Buchenwälder mit Aussichtsstellen zur **Sängerwiese** leitet, wo 1847 das Thüringer Sängertreffen stattfand. Hier folgt man der Markierung *gelber Strich* und zweigt rechts Richtung *Teufelskanzel* ab. Der nach 5 Minuten erreichte **Katzensprung** ist eine steil abfallende Bergnase mit Blick zur Wartburg; eine Sitzbank lädt unter Bäumen zur Rast. Nun zieht *gelber Strich* durch Forstwald, kommt an der **Herrenwiese** (mit Schutzhütte) und am **Nebeblick** (zugewachsener Wartburgblick) vorbei und erreicht die **Teufelskanzel**, eine geländergesicherte Felskanzel hoch über dem Georgental; hier sind ausschließlich Berge und Wald und tief unten das Tal in Sicht.
Von der Teufelskanzel wandern wir auf demselben Weg 5 Minuten zurück und halten dann geradeaus Richtung *Wilde Sau*. Still zieht der gelegentlich mit *grünes Viereck* markierte Weg durch die Wälder und mündet schließlich

Am oberen Ausgang der Drachenschlucht.

Pfadpassage in den Laubwäldern bei der Eliashöhle.

auf einen mit *E* markierten Weg: hier rechts. Das folgende Wegstück bis zur Wilden Sau ist stellenweise sehr aussichtsreich, wobei der forstlich bedingte Aussichtsreichtum in starkem Kontrast steht zu den prachtvollen alten Eichen, die am Wegrand stehengeblieben sind. An der **Wilden Sau** (387 m), einem 1483 datierten Sühnekreuz mit Relief, laden Schutzhütte, Bänke und Tisch zu gemütlicher Rast (siehe Foto S. 121).

Von der Wilden Sau folgen wir dem Rennsteig wenige Minuten Richtung *Hohe Sonne* (links) und biegen an der ersten Schutzhütte links auf den grasüberwucherten *Revolutionsweg* ab. Still und steil leitet er auf einem Bergrücken abwärts, mündet auf einen Wirtschaftsweg und trifft auf die **Knöpfelsteiche**. Auf dem ersten rechts abzweigenden Weg überschreiten wir den Bach, der die Fischteiche speist, und biegen sofort bei den Rastbänken auf den mit *gelbes Dreieck* und *grün x* markierten Waldpfad Richtung *Güldene Pforte* ab. Steil hält der Waldpfad aufwärts und durchschreitet die **Güldene Pforte**, kleine Felsen, durch die ein historischer Wagenweg geführt haben soll. Oberhalb der Pforte mündet der Pfad auf einen Wirtschaftsweg, der mit *grün x* markiert im Hang dahinzieht (links), am **Töpfchensborn** vorbeikommt und unweit der Luisengrotte auf den Rennsteig mündet. Der Rennsteig führt hinauf zur **Hohen Sonne** (434 m).

Am **Wartburgblick** an der Hohen Sonne beginnt der Abstieg in die Drachenschlucht. Der Pfad kommt an der **Marienbachquelle** (benannt nach einer Großherzogin) vorbei und folgt dem Bach teils auf Bohlenstegen hinab in die **Drachenschlucht**, die keine Schlucht, sondern eine Klamm ist (sie wäre ohne die Bohlenstege nicht begehbar): Rechts und links richten sich Felswände auf, die an einigen Stellen so nah rücken, daß mancher Rucksack Schwierigkeiten hat, durchzukommen – die Klamm ist bis zu 86 cm schmal. Am unteren Ausgang der Klamm (hinter dem Kiosk) steigen wir mit *gelber Strich* links hinauf Richtung *Elfengrotte*, wenden uns oben auf dem Absatz sofort links, halten am unteren Knöpfelsteich geradeaus und stoßen in ein wildromantisches, tief eingeschnittenes, völlig von der Außenwelt abgeschirmtes Tal, von dessen Hangschultern mächtige Felsen herabblicken. Wo die Felsen zusammenrücken und eine unüberwindbare Steilstufe bilden, ist die stimmungsvolle **Elfengrotte**.

Von der Bank leitet das Weglein in der felsendurchsetzten Flanke aufwärts und trifft auf einen Wirtschaftsweg, der zur **Sängerwiese** zurückführt. An der Sängerwiese gehen wir kurz geradeaus Richtung Wartburg, wenden uns jedoch an der ersten Wegkreuzung (Schild: Totalreservat) links, stoßen gleich darauf auf eine Felsstufe, durch die ein mit *grünes Viereck* markierter Pfad (bei Schneelage gefährlich!) hinabsteigt und dann durch wilde Felsszenerien und einzigartige Laubwaldpracht zieht; die ausgeschilderte **Donar**- oder **Eliashöhle** ist eine von mehreren Spalthöhlen. Zuletzt weitet sich der Pfad zum Weg und stößt auf die Wartburgschleife: Hier rechts unter der Brücke durch, und wir sind wieder am Ausgangspunkt.

4 Landgrafenschlucht – Drachenstein – Wilhelmsthaler Teich

Schluchtwanderung zum aussichtsreichen Drachenstein

Talort Eisenach: Siehe Wanderung 2.
Ausgangspunkt: Bushaltestelle Sophienaue (260 m) im Mariental an der B 19 südlich von Eisenach, Endstation der Buslinie Hauptbahnhof – Sophienaue; bei der Bushaltestelle und auch talaufwärts gibt es Parkplätze.
Weglänge: 9 km Streckenwanderung, Rückfahrt mit dem Bus.
Anstiege: 250 Höhenmeter.
Gehzeit: 3 Stunden.
Einkehr: Hohe Sonne (6 km), Wilhelmsthal (9 km).

Durch die romantische Landgrafenschlucht führt diese Wanderung zum aussichtsreichen Drachenstein und via Hohe Sonne weiter zum Wilhelmsthaler Teich.

Von der Bushaltestelle geht es auf dem Weg links der B 19, die ausgerechnet durch dieses Naturschutzgebiet führen muß, wenige Minuten talaufwärts, bis bei Schutzhütte, Tischen, Bänken, Teichen und einer Wegeübersichtstafel unterhalb des **Königsteins** (Abstecher) der mit der **2** markierte Rundwanderweg links in die **Landgrafenschlucht** mit ihren alten Laubbäumen und moosüberwucherten Felsen abzweigt. Das Weglein zieht teils auf Bohlenstegen dahin und überschreitet den Bach mehrfach auf Holzbrücken. Der Name der Schlucht geht auf Friedrich den Gebissenen (1257-1324) zurück: Auf der Flucht vor Feinden fand der Landgraf mit seinem Töchterchen in dieser Schlucht Unterschlupf.

Die uralte Eiche auf dem Großen Drachenstein.

Nach Verlassen der Schlucht zieht der Pfad aufwärts und erreicht eine Sitzbank bei einer Wegverzweigung. Hier geht es mit Richtungsangabe *Drachenstein* geradeaus auf einem grasigen, stillen Waldweg zu einem Rastplatz mit Schutzhütte, Bänken und Tisch an der Woin- oder *Weinstraße* (Wagenstraße). Hinter der Schutzhütte zweigt *E1* von der *Weinstraße* ab und wandert auf einem Weglein in sehr schönem, abwechslungsreichem Wald an der gewaltigen **Königseiche** vorbei zum Drachenstein. Kurz vor Erreichen des Gipfels empfangen Bänke und Tisch mit prachtvollem Wartburg-Blick. Eine Orientierungstafel auf dem Gipfel des **Großen Drachensteins** (470 m) erläutert die hervorragende Aussicht. Vom Drachenstein leitet der *Naturlehrpfad Gottlob König* abwärts, mündet auf die *Weinstraße*, und diese zieht weiter zur **Hohen Sonne**; dort queren wir die gefährliche Bundesstraße. Wer Streckenwanderungen nicht mag, kann von der Hohen Sonne wie bei Wanderung 3 durch die Drachenschlucht zum Ausgangspunkt zurückkehren – eine feine Variante. Ansonsten lassen wir die Drachenschluchtabzweigung rechts liegen und biegen gleich darauf links auf den *Lulluspfad* ab. Er zieht hinab zum **Wilhelmsthaler Teich** im **Eltetal**. Der 1712 gegrabene und aufgestaute Teich, den einst herzogliche Prunkgondeln befuhren, stand Goethe Modell für Szenen des Romans »Die Wahlverwandtschaften«. Heute wird er von Ruderbooten befahren (Bootsverleih). Hinter dem Teich geht es links am ehemaligen Schloß Wilhelmsthal vorbei, das Herzog Johann Wilhelm von Eisenach um 1700 als Sommerresidenz errichten ließ.

5 Ruhla – Wachstein – Alexanderturm

Zum Aussichtsturm auf dem Ringberg

Talort Ruhla: Die Stadt Ruhla (280 m, 4100 Ew.) liegt im Erbstromtal im nordöstlichen Thüringer Wald im Wartburgkreis; Erholungsort, Uhren- und Eisenindustrie. Der Name der 1378 erstmals erwähnten damaligen Siedlung von Schmieden, Köhlern und Bergleuten, in der Ludwig II. 1121 vom sagenumwobenen Rhulaer Schmied zum »Eisernen Landgrafen« geschmiedet wurde, kommt der Ruhla oder Ruhlaha, dem »rollenden Wasser«, für das seit 1640 der Feudalname Erbstrom in Gebrauch ist. Der Erbstrom trennte als Demarkationslinie den Ort in einen gothaischen und einen eisenachischen Teil. Erst nach Gründung von Thüringen 1921 wurden beide Teile zur Stadt Ruhla vereinigt. Im fachwerkgeschmückten ältesten Bürgerhaus (17. Jh.) ist das Heimatmuseum untergebracht.
Ausgangspunkt: Bushaltestelle Ruhla-Bahnhof (380 m) am unteren Ortsausgang beim ehemaligen Bahnhof, jetzt Busbahnhof an der Durchgangsstraße. Ausgeschilderter

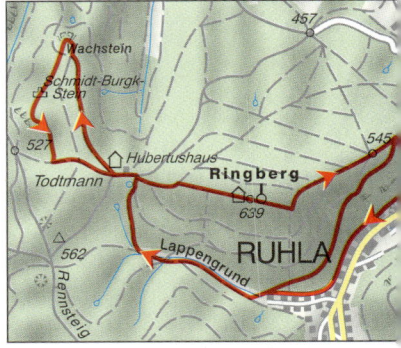

Parkplatz ein Stück weiter oben, wo von der Durchgangsstraße die Geschwister-Scholl-Straße in den Lappengrund abzweigt.
Weglänge: 11 km Rundwanderung.
Anstiege: 300 Höhenmeter.
Gehzeit: 3 - 4 Stunden.

Diese schöne Tal- und Bergwanderung berührt mit dem Wachstein und dem Alexanderturm zwei hervorragende Aussichtsstellen.

An der Durchgangsstraße von **Ruhla** weist gegenüber vom Busbahnhof das Schild *Emmytempel* in Talauswärtsrichtung in den Wald hinauf. Von diesem Weg zweigt wenig später ein Hangweg ab (links), der oberhalb des Orts talaufwärts zieht, dann in den **Lappengrund**, das erste Tal, hineinschwingt und in diesem aufwärts hält. Sobald die Bebauung endet, beginnt in diesem abgeschiedenen Tal mit seinen Fischteichen und alten Laubbäumen ein erholsamer Spaziergang, der in sachtem Anstieg zum Sattel am ehemaligen **Hubertushaus** (560 m) hinaufführt. Dort gehen wir links an der Schutzhütte vorbei und zweigen dahinter rechts Richtung *Wachstein* ab. Der gelegentlich mit *rote Scheibe* markierte grasige Waldweg, der einige hübsche Ausblicke gewährt und sich zuweilen zum Pfad verengt, führt teilweise in hohem Buchenwald dahin, passiert das Felsmassiv **Grebestein**, benannt nach einem großherzoglichen Landesforstmeister, und erreicht den aussichtsreichen, von einem Staatssicherheitsbunker verunstalteten **Wachstein**. Vom Wachstein fällt der Blick über die Felswände der Mosbacher Hölle hinweg auf die beiden Drachensteine mit der Wartburg dahinter sowie auf den

Hörselbergzug und weit in das Vorland hinaus. Nun leitet der Waldweg im Westhang weiter, kommt an einem Kahlschlag mit Blick über das Werratal zur Rhön vorbei (Sitzbank), passiert das Denkmal **Schmid-Burgk-Stein** und mündet in der Nähe des Zollstocks auf den mit *gelbes Dreieck* markierten Weg, der (links) über den Todtemann-Rücken zum Hubertushaus-Sattel zurückführt. Am Hubertushaus geht es geradeaus und zum **Ringberg** (639 m) mit dem Alexanderturm hinauf. Am Fuß des Turms stehen Bänke und Tisch sowie eine Schutzhütte.

Vom Alexanderturm geht es geradeaus abwärts, bis an der Verzweigung nach der Raststelle **Heimatblick** (Blick auf Ruhla) rechts der Weg zum *Emmytempel* ausgeschildert ist. Der **Emmytempel** ist eine hübsche Schutzhütte im felsendurchsetzten Steilhang mit Blick auf Ruhla. Vom Emmytempel ziehen wir zurück in den Lappengrund und wandern dann auf demselben Weg wie beim Aufstieg zurück zum Ausgangspunkt.

Wer die 111 Stufen des eisernen Alexanderturms erklimmt, genießt eine überragende Aussicht; in den Ecken der Aussichtsplattform, auf der zwei Sitzbänke zur Rast laden, finden sich Panorama-Orientierungstafeln.

6 Thal – Meisenstein – Wartberge

Über das Königshäuschen zum Aussichtsphänomen Meisenstein

Talort Thal: Der Kurort Thal (280 m, 2500 Ew.) im Erbstromtal ist Teil der Stadt Ruhla (siehe Wanderung 5). Er wird überragt vom Scharfenberg (Naturschutzgebiet), auf dem Reste einer gleichnamigen Burg erhalten sind, die 1137 erstmals erwähnt wird. In Heiligenstein unter dem Spitzigen Stein steht die Kapelle des 1300 geweihten Wilhelmitenklosters Weißenborn (im Bauernkrieg verwüstet); dort lebten 13 Eremiten.

Am Weg nach Kittelsthal findet sich eine Tropfsteinhöhle.
Ausgangspunkt: Bushaltestelle Schreiberbrunnen (290 m) in Thal an der Straße Richtung Ruhla.
Weglänge: 14 km Rundwanderung.
Anstiege: 450 Höhenmeter.
Gehzeit: 4 Stunden.
Einkehr: Thal (0 km), Königshäuschen (4 km).

Diese Wald- und Aussichtswanderung führt zum phantastischen Meisenstein-Felsmassiv und leitet über die Muschelkalkriffe der von prachtvollem Laubwald geschmückten, sagenumwobenen Wartberge.

Gegenüber vom **Schreiberbrunnen** in Thal leitet die oft verblichene Markierung *rote Scheibe* durch die winzige *Ruhlaer Straße* Richtung *Burg*, überschreitet den »Erbstrom«, den einstigen Grenzbach zwischen Sachsen-Eisenach und Sachsen-Gotha, knickt am Fuß des **Scharfenburg**-Bergs rechts, hält auf der *Dorfstraße* aufwärts (600jährige Linde) und biegt an der

Der sonnige Meisenstein bietet einen Blick über die Talgründe im Einzugsbereich der Emse hinweg zum Großen Inselsberg. In etwa läßt sich die stille Inselsberg-Aufstiegsroute ab Winterstein (siehe Wanderung 12) überblicken.

Verzweigung rechts in die *Rösickestraße* ein. Sobald hier rechts die Bebauung endet, zweigen wir halbrechts auf den Weg Richtung *Königshäuschen* ab. Er taucht sofort in den Laubwald und steigt durch die Wälder zur aussichtsreich gelegenen Wanderhütte **Königshäuschen** (Einkehr saisonal an Wochenenden). Von der Hütte leitet *gelb x* im Hang weiter zur *Hohen Straße*, dem alten Handelsweg zwischen Franken und Thüringen, und auf dieser geht es links hinüber zum **Meisenstein**, einem rund 40 m lotrecht abstürzenden Porphyrfelsmassiv. Auf dem Wirtschaftsweg im Fußbereich des Felsens geht es rechts aufwärts, bis ein verwachsener, aber deutlicher Pfad abzweigt; er leitet auf das von alten Eichen geschmückte Felsplateau.

Unterhalb der Meisenstein-Schutzhütte leitet *rote Scheibe* abwärts Richtung *Wachstein*, mündet bei einer Wegespinne auf einen Wirtschaftsweg, folgt diesem kurz abwärts und zweigt bald darauf rechts auf die von krautreichen Buchenhochwäldern bewachsenen Muschelkalkriffe der **Wartberge** ab. Die Aussichtsstelle **Sommerkopf** über den Nordabstürzen des Großen Wartbergs bietet Blick auf die Ortschaften Schmerbach und Schwarzhausen mit dem siedlungsfreien Galgenkopf dazwischen, auf den Hörselbergzug und ins Vorland. Ebenfalls in den Nordabstürzen öffnet sich das ausgeschilderte **Backofenloch**, eine niedrige, mehr als 20 m lange Auslaugungshöhle. Die Aussicht am ausgeschilderten *Dietzelstein* auf dem Kleinen Wartberg ist von Buchen weitgehend zugewachsen. Nun zieht *rote Scheibe* abwärts im Hang zu einem Asphaltweg. Dieser führt links zum Angelteich im **Fuchsgrund**. Durch den Fuchsgrund geht es zurück nach Thal.

7 Altensteiner Park – Jägerstein – Schweinaer Grund

Hervorragende Kulturwanderung und kleine Trekkingtour

Talort Schweina: Die Gemeinde Schweina (350 m, 3200 Ew.) liegt im Wartburgkreis im nordwestlichen Thüringer Wald. Hauptsehenswürdigkeit ist das Schloß Glücksbrunn mit Park. Im klassizistischen Schloß Marienthal richtete Friedrich Fröbel die erste deutsche Kindergärtnerinnenschule ein; der Erfinder der 1851 in Preußen als »destructiv« verbotenen Kindergärten ruht auf dem Bergfriedhof. Denkmal des beginnenden Industriezeitalters ist die erste (1824) mechanische Kammgarnspinnerei Deutschlands gegenüber von Schloß Glücksbrunn.
Ausgangspunkt: Parkplatz an der Altensteiner Höhle in Schweina (350 m).
Weglänge: 19 km Rundwanderung.
Anstiege: 500 Höhenmeter.
Gehzeit: 6 Stunden.
Einkehr: Altensteiner Höhle (0 km), Altenstein (1 km), Forsthaus Kissel (15 km, Variante).

Vom phantastischen Landschaftspark Altenstein führt diese Wanderung auf stillen Laubwaldwegen hinauf zum Rennsteig und leitet durch das Laubwald- und Wiesental des Schweinaer Grundes zurück – eine vorzügliche Tour, für die viel Zeit einzuplanen ist, da schon der Altensteiner Landschaftspark so viel Sehenswertes bietet, daß vor lauter Verweilen an rasches Vorwärtskommen nicht zu denken ist.
Die **Altensteiner Höhle** bei **Schloß Glücksbrunn** (1705) – alter Baumbestand (Gingkobaum, Eibenriesenbaum usw.) – ist eine von einem Bach durchflossene Spalthöhle im Zechsteinriff des Alten Steyns. Besichtigt werden kann sie im Rahmen

Am Jägerstein laden Schutzhütte, Tisch und Bänke unter Buchen zur Rast.

einer Führung oder anläßlich eines der Höhlenkonzerte, die auf eine fast 200jährige Tradition zurückblicken (Entdeckung der Höhle 1799). Auf der Straßenseite gegenüber dem Höhleneingang leitet der *Charlottenpfad* steil durch die prachtvollen Wälder des **Landschaftsparks Altenstein** (angelegt 1798-1803, umgestaltet zum englischen Landschaftspark 1846-52 durch Pückler-Muskau, Lenné und Petzold) hinauf zum **Hohlen Stein** (= **Teehäuschen**), einem von einer Spalthöhle durchbrochenen Felsturm. Die Spalte wurde 1801 zu einer »Äolsharfe« erweitert, deren dumpfe Töne bei starkem Wind weithin zu hören gewesen sein sollen. Oben auf dem Felsen, der Blick auf Schweina gewährt, stand ab 1800 ein Chinesisches Teehäuschen (1923 abgerissen), daher der Name des Felsens. Vom Hohlen Stein gehen wir 3 Minuten rechts hinauf zum **Morgentor**-Felsplateau, das eine faszinierende Aussicht auf Bad Liebenstein, die Hohe Klinge und den Kamm des Thüringer Waldes sowie über das Werratal hinweg zur Rhön bietet.

Nun folgen wir dem Weg zurück zum Hohlen Stein und gehen Richtung Schloß, vorbei am winzigen **Bernhardsplatz**-Felsen und am hohen **Blumenkorb**-Felsturm, dessen geländergesicherter Gipfel derzeit eine stimmungsvolle Aussicht in die Kronen der alten, bemoosten Buchen bietet, queren kurz vor dem Ortsschild *Altenstein* die Straße, durchschreiten ein Tor, schließen es wieder und gehen rechts hinauf zum **Bonifatius**-Felsen. Auf diesem Felsen soll der angelsächsische Missionar Bonifatius 724/25 den Hiesigen gepredigt haben. Nun geht es an **Schloß Altenstein** (1736, Umbau 1799,

1982 abgebrannt, derzeit Sanierung) vorbei (links davon eine durchlöcherte Linde mit Goethe-Vers) und hinter dem Schloß hinauf zur **Ritterkapelle** (1799) auf einem Felsen. Der gegenüberliegende **Hexenturm**-Felsen gewährt eine vorzügliche Aussicht über das Werratal hinweg zu den Kuppen der Rhön. Wenn hier »Hexen« brannten, konnten die Gläubigen das vom Tal aus gut beobachten und es sich eine Warnung sein lassen.

Nun gehen wir wieder hinab zum Weg und auf diesem aufwärts und biegen dann links ab (die geradeaus ausgeschilderte Teufelsbrücke existiert nicht mehr) zum **Luisentaler Wasserfall**, einem künstlichen Wasserfall am Ausgang des **Luisentals**. Dieses naturschöne Laubwald- und Bachtal weist in sachtem Anstieg die Route, bis zu einer Holzbrücke begleitet von den Tafeln eines *Kinder-Naturlehrpfads*. An der Brücke gehen wir geradeaus, zweigen gleich darauf an der Breiten oder **Teufelswiese** links auf den alten (Post-) *Kutschenweg* ab und folgen ihm gut 20 Minuten aufwärts, bis rechts der Grasweg zum **Jägerstein** im **Windsberg**-Südhang ausgeschildert ist – ein schöner Rastplatz mit Schutzhütte und Bank im Rauschen der Buchenwälder unweit vom **Christiansborn**.

Vom Jägerstein leitet ein angenehmer Hangweg (zuletzt rechts) hinüber zur Wegespinne **Hoher Schuß**. Hier geht es bergseitig der Schutzhütte auf einem Wirtschaftsweg aufwärts zur **Großen Meilerstätte** am Rennsteig und nun auf diesem links (wie bei Wanderung 42) via **Triniusrast** zum **Ruhlaer Häuschen**. Der übliche Weg führt vom Ruhlaer Häuschen zum Forsthaus Kissel und von dort durch den Silbergrund nach Schweina – alles ausgeschildert. Wir gehen aber durch den Schweinaer Grund, in dem nichts ausgeschildert ist: Das grasige Weglein zweigt im Winkel zwischen Rennsteig und Kissel-Weg (Sallmannshauser Rennweg) ab, trifft bald auf die Schweina, überschreitet das Bächlein, trifft kurz weiter unten auf Wege, von denen wir den bachabwärts führenden nehmen und uns nun immer rechts des Bachs abwärts halten in diesem zauberhaften Mischwaldtal mit seinen grünen Wiesen und alten Bäumen am Hang des **Höllkopfs**. Weiter unten, wo das im Schaumborn entspringende Bächlein einmündet, wandern wir durch die **Hölle**, dann weitet sich das Tal zum **Schweinaer Grund**, und aus den Graswegen und Pfaden wird ein Wirtschaftsweg links des durch die Wiesenaue mäandrierenden Bachs. Wo von rechts der von Tafeln eines Naturlehrpfads begleitete Weg hereinmündet, der vom Forsthaus Kissel durch den Silbergrund herabführt, steht an den Wiesen am Waldrand eine Sitzbank.

Bald darauf mündet der Weg auf eine von alten Laubbäumen flankierte Chaussee und trifft bei Tauziehgelände, Schwimmbad und Fußballplatz auf die Straße: Geradeaus, bald aufwärts und am Ortsausgangsschild rechts auf den Waldweg, und wir sind zurück an der Altensteiner Höhle.

Der Bonifatiusfelsen: ein Zechsteinfelsen im Altensteiner Landschaftspark.

8 Steinbach – Questenstein – Hohe Klinge

Gemütliche Rundwanderung

Talort Bad Liebenstein: Die Stadt Bad Liebenstein (340 m, 4100 Ew.) liegt im Grumbachtal am Westabhang des Thüringer Waldes im Wartburgkreis und ist Heilbad für Herz- und Kreislauferkrankungen; im frühen 19. Jh. war sie eines der bekanntesten Modebäder des Thüringer Waldes (Goethe, Charlotte von Stein, Jean Paul, Musäus u.a.). Der 1590 entdeckte Sauerborn, kohlensaure Mangan-Eisen-Arsen-Quellen am Fuß des Burgbergs, gab der gleichnamigen Ortschaft den Namen; sie wurde 1801 in Liebenstein umbenannt nach der 1353 im Besitz der Wettiner erstmals urkundlich erwähnten Burg. Brunnentempel von 1816. Villa Feodora (1860, heute Café) mit Fresken nach Entwürfen von Ludwig Richter. Fachwerkgeschmücktes Postamt (1895). Ortsteil von Bad Liebenstein ist Altenstein mit dem Landschaftspark und der Altensteiner Höhle (siehe Wanderung 7). Oberhalb von Bad Liebenstein steht unweit der Paßstraße nach Ruhla das Lutherdenkmal beim Lutherborn; dort wurde der Reformator 1521 »gefangen genommen« und als Junker Jörg auf die Wartburg verbracht.

Ausgangspunkt: Bushaltestelle »Steinbach Wendeplatz« (375 m) bei der alten Kastanie mit Gefallenendenkmal im Bergdorf Steinbach nördlich von Bad Liebenstein. Endstation der Buslinie Bad Salzungen – Schweina – Steinbach.

Weglänge: 13 km Rundwanderung.

Anstiege: 450 Höhenmeter.

Gehzeit: 4 Stunden.

Einkehr: Steinbach (0 km), Schanzenbaude (2 km), Krätzersrasen (6 km), Hohe Klinge (9 km, Abstecher).

Durch das Wald- und Wiesental des Schleifkotengrundes leitet diese Wanderung über den aussichtsreichen Questenstein und die Hohe Klinge zu den Ruinen von Burg Liebenstein.

Um in den Schleifkotengrund zu gelangen, müssen wir 15 Minuten durch das alte Messerschmiededorf **Steinbach** wandern. Das ist hübsch, aber es wäre doch wünschenswert, daß eine Route durch die winzigen Gassen und Sträßchen abseits von Bahnhof- und Hauptstraße an der Kirche vorbei ausgeschildert würde. Von der Bushaltestelle am Gefallenendenkmal geht es halbrechts abwärts durch die *Bahnhofstraße* (früher hatte Steinbach einen Bahnhof) zum hübschen **Marktplatz** und weiter auf die *Hauptstraße*, einer ganz schmalen, von schindelverkleideten Häusern flankierten Gasse, die aber leider nicht für den Verkehr gesperrt ist, aufwärts und oben rechts in den **Schleifkotengrund** hinauf, wo bei der *Schanzenbaude* vis-à-vis einer Mattenschanze der Weg autofrei in die Eschen-Erlen-Wälder taucht, die den Steinbach begleiten. Das wasserreiche Bächlein trieb noch im 19. Jahrhundert acht Schleifkoten (Kote = Hütte) an, in denen die Steinbacher Schmiede Messer und andere Eisenprodukte »schliffen«. Reste dieser Schleifkoten, auch Wasserbauten und -gräben zur Wasserregulierung, sind noch zu sehen. An der Wegespinne weiter oben, wo sich die Quellbäche fächerartig verzweigen und auch einige Felsen anstehen, geht es rechts via **Böses-Erlich-Wiese** zu **Krätzersrasen**, einer Gaststätte mit Ferienbungalows und überdachten Rasttischen. Das Anwesen hat derzeit noch keinen Investor

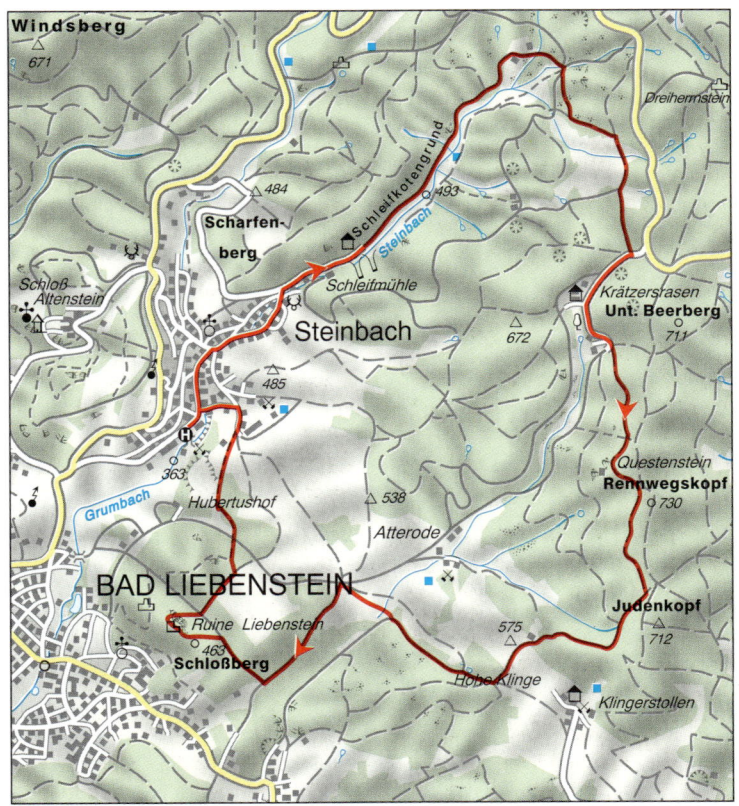

gefunden und verwahrlost. Was wie ein Schwimmbad aussieht, war der ehemalige Feuerlöschteich. Nun gehen wir geradeaus weiter zum **Questen-stein**, dessen Quarzitklippen einen hervorragenden Blick auf die Zechstein-riffe um Bad Liebenstein bieten. Der Hangweg führt weiter und stößt schließ-lich auf den *Breitunger Rennsteig*, dem wir rechts hinab zur **Hohen Klinge** folgen, wiederum mit prachtvoller Aussicht über das Werratal hinweg zur Rhön. Durch Wiesen geht es abwärts zu einem Fahrweg. Hier kann man weiter direkt nach Steinbach absteigen, doch wir wollen uns noch die Ruinen von **Burg Liebenstein** mit den Resten des gotischen Palas (vor 1360) ansehen. Dann geht es endgültig zurück nach Steinbach.

9 Trusetal – Wallenburg – Mommelstein

Prachtvolle Laubwaldwanderung mit schöner Aussicht

Talort Trusetal: Die Gemeinde Trusetal (340 m, 4400 Ew.) ist ein Fremdenverkehrsort im gleichnamigen Tal des Thüringer Waldes im Kreis Schmalkalden-Meiningen. Die bis 1950 selbstständigen Dörfer Auwallenburg, Elmenthal, Herges-Vogtei, Laudenbach und Trusen werden 1185 erstmals urkundlich erwähnt und lebten im Mittelalter von der wichtigen Straßenverbindung vom Werratal durch das Trusetal zum Kamm des Thüringer Waldes sowie vom Eisenerzabbau, an dessen Stelle im 19. Jh. die Spatgewinnung trat.

Ausgangspunkt: Zentrale Bushaltestelle vor dem Fremdenverkehrsamt in Trusetal (340 m) nordöstlich von Breitungen; Buslinien Breitungen – Brotterode und Schmalkalden – Brotterode. Hier gibt es auch Parkplätze.

Weglänge: 16 Kilometer Rundwanderung. Es ist besser, das letzte Stück ab dem Wasserfall mit dem Bus zurückzulegen; Bushaltestelle am Wasserfall; Abfahrtszeiten am Ausgangspunkt notieren.

Anstiege: 600 Höhenmeter.

Gehzeit: 5 Stunden.

Einkehr: Wallenburg (3 km), Mommelstein (7 km), Trusetaler Wasserfall (14 km).

Diese Wanderung führt zur aussichtsreichen Ruine der Wallenburg und zum Gasthaus am Mommelstein, ehe die prachtvollen Laubwälder im Hang des Seimbergs empfangen und zuletzt der Trusetaler »Wasserfall« zu einem kurzen Abstecher lockt.

Vom Fremdenverkehrsbüro **Trusetal** folgen wir kurz der Straße Richtung Brotterode, biegen die zweite Straße rechts Richtung Schmalkalden ab und zweigen von dieser nach der zweiten Kurve mit der Markierung *grünes Dreieck* links in die *Schenkgasse* ein, gleich darauf geradeaus aufwärts in der *Lappengasse*. Wenn oben in den Wiesen die Ruine der Wallenburg ins Blickfeld rückt, geht es an der Verzweigung links hinauf zur Sitzbank am Waldsaum und nun im Bogen rechts hinüber zur **Wallenburg** auf dem Hain- oder Hühnberg (524 m). Die sagenumwobene Burg, 1249 erstmals erwähnt, ist eine Gründung des Klosters Breitungen; ihr oblag der Schutz des Trusetals. Im Bauernkrieg und im Dreißigjährigen Krieg wurde sie zerstört, heute bieten ihre Ruinen einen prachtvollen Blick auf die Südwest-Abdachung des Thüringer Waldes und über das Werratal hinweg zur Rhön.

Von der *Turmklause* am Fuß des Burgbergs leitet die Markierung *gelber Strich* Richtung *Mommelstein* zum Gasthaus **Fuchsbau**, das in hervorragender Aussichtslage auf dem Rücken des Seimbergs liegt. 300 m östlich vom Gasthaus stehen die **Mommelstein**-Felsen mit Rastbänken, Schutzhütte und einer geländergesicherten Aussichtsstelle: Blick über das Trusetal hinweg Richtung Ruine Liebenstein sowie ins Werratal mit Breitungen.

Vom Mommelstein geht es zurück zum Gasthaus Fuchsbau und kurz auf demselben Weg zurück, bis man rechts der Markierung *gelbe Scheibe* folgend in den Seimberg-Westhang absteigt und das Naturschutzgebiet **Seimbergwald** mit seinen Buchen, Ahornbäumen und Eichen durchwan-

dert. Wenn zuletzt die Markierung *grüne Scheibe* links hinab abzweigt, lohnt der kurze Abstecher rechts hinauf zum Aussichtspunkt **Hohe Wiese** mit schönem Blick über Brotterode hinweg zum Großen Inselsberg. Dann führt *grüne Scheibe* im Hang zurück und steigt schließlich zum **Trusetaler Wasserfall** ab, einem 50 Meter durch Granitfelsen stürzenden, 1865 künstlich angelegten Wasserfall, der zu den Hauptattraktionen im nordwestlichen Thüringer Wald zählt. Es ist lohnend, neben dem Wasserfall aufzusteigen, oben dem *Wanderpfad Wassergraben* zu folgen und dann via **Köhlerhütte** (grottenartige Höhle) und **Teufelskanzel** (Aussicht) zurückzukehren. Dann geht es zurück nach Trusetal, entweder mit dem Bus oder 15 Minuten neben der Talstraße zu Fuß.

10 Brotterode – Großer Inselsberg

Bequeme Wanderung zum »Rigi Thüringens«

Talort Brotterode: Die Stadt Brotterode (578 m, 3200 Ew.) ist ein Luftkurort und Wintersportplatz in der weiten Quellmulde der Truse südlich des Großen Inselsbergs im Kreis Schmalkalden-Meiningen. Die »Rodung des Bruno« am alten Verkehrsweg über das Gebirge (heutige Straße via Grenzwiese) in der Umgebung reicher Erzlagerstätten soll 1037 unter Ludwig mit dem Barte gegründet worden sein. Mitte des 16. Jh. arbeiteten hier neun Eisenhämmer, das Kleineisengewerbe (Schnallen-, Ringel-, Zwecken-, Messerschmiede usw.) bildete bis ins 20. Jh. einen Hauptwirtschaftszweig (1892-1964 auch Zigarrenfabrikation). 1895 wurde der alte Waldort durch einen Großbrand zu 90% zerstört. In der Folgezeit avancierte Brotterode zu einem zentralen Wintersportplatz des Thüringer Waldes (1907 erstes Wintersportfest, 1930 Bau der Großsprungschanze).

Ausgangspunkt: Bushaltestelle Brotterode Markt (580 m) am Bad Vilbeler Platz im Zentrum von Brotterode unweit der neugotischen Pfarrkirche.

Weglänge: 9 km Rundwanderung.

Anstiege: 350 Höhenmeter.

Gehzeit: 3 Stunden.

Einkehr: Mehrere Einkehrmöglichkeiten jeweils im Talort Brotterode (0 km) und auf dem Großen Inselsberg (5 km).

Mit weiter Aussicht führt diese Rundwanderung im Wechsel von Wiesen und Wald auf den Panoramaberg des Thüringer Waldes.

Von der Grünanlage am **Markt** in Brotterode leitet die Markierung *grüner Punkt* nordwärts durch die *Bernsbachstraße*, zweigt nach einer Linkskurve rechts auf einen Weg ab und zieht nun aussichtsreich durch die Wiesen zum Kamm hinauf. Beim Blick zurück läßt sich die von den Bergen umhegte Mulde (ausgeräumter Granit) überschauen, in der **Brotterode** liegt. In dieser Mulde, die jenseits der Stadt vom sprungschanzengezeichneten Seimberg überragt wird, sammeln sich mehrere Quellbäche der Truse, die erst unterhalb von Brotterode diesen Namen trägt. Diesseits des Orts rundet sich der Burgberg, auf dem vorzeiten ein Raubritterschloß gestanden haben soll, das der Himmel samt der ruchlosen Besatzung in der Erde versinken ließ. Schließlich tritt der Weg in den Wald ein und mündet an der **Brotteroder**

Blick von der Hohen Wiese am Seimberg (siehe Wanderung 9) über Brotterode hinweg zum Großen Inselsberg.

Hütte, einer Schutzhütte, auf den Rennsteig. Hier stehen einige sehr alte Buchen. Auf dem Rennsteig geht es rechts hinauf, wo bald ein *Aussichtspunkt* ausgeschildert ist: Wer dem Hinweis folgt, gelangt in 1 Minute zu einem Felsmassiv (Porphyr), das wegen der hochgeschossenen Buchen kaum Aussicht bietet, aber einen Besuch durchaus wert ist; in ihm öffnet sich die **Beerberggrotte**. Wenig später erreicht der Rennsteig den **Beerbergstein**, ein Felsmassiv mit Tiefblick auf die Gründe im Einzugsbereich der Emse, hinüber zum Meisenstein und auf die Wartberge sowie weit hinaus ins nordöstliche Vorland des Thüringer Waldes und – rechts – hinauf zum Getürme auf dem Großen Inselsberg. Der Beerbergstein ist ein angenehmer Rastort, vor dem Felsen stehen Tische und Bänke.

Vom Beerbergstein zieht der Rennsteig hinüber zum **Venetianerstein** (siehe Wanderung 11), der erneut hervorragende Aussicht bietet, taucht dann in das Buchenwald-Naturschutzgebiet und erreicht den **Großen Inselsberg** (916,5 m) mit einzigartiger Aussicht auf der Freifläche vor den Gasthäusern (siehe Wanderung 11).

Auf dem Großen Inselsberg übernimmt die Markierung *roter Strich* die Routenführung. Sie hält im Wald abwärts, tritt dann wieder in aussichtsreiche Wiesenflur und leitet zur Kirche von Brotterode hinab. Die Kirche wurde nach dem Brand von 1895 neu errichtet, steht jedoch an alter Stätte: Die erste Kirche wurde hier 1364 an der Stelle einer älteren Kapelle errichtet.

11 Großer Inselsberg

Streifzug auf dem Panoramagipfel des Thüringer Waldes

Talorte: Die Gemeinde Emsetal (350 m, 3200 Ew.) ist ein Erholungsort und Wintersportplatz im Emsegrund auf der Nordabdachung des Großen Inselsbergs im Kreis Gotha. Vorort ist Winterstein am Fuß des Inselsbergstocks. Die mittelalterliche Wasserburg (1307, Ruine) von Winterstein war Stammsitz der Herren von Wangenheim. Über dem Gasthaus Hirsch liegt die sagenumwobene Burg »Sommerstein« (ahnbare Reste).

Ausgangspunkt: Großparkplatz (725 m) nordöstlich des Inselsbergs an der Paßstraße Brotterode – Tabarz. Der Parkplatz (einer rechts, einer links der Straße) ist namentlich nicht ausgeschildert, aber nicht zu verfehlen; es ist der erste Parkplatz, wenn man von der Grenzwiese nach Tabarz fährt.

Weglänge: 8 km Rundwanderung.
Anstiege: 300 Höhenmeter.

Gehzeit: 3 Stunden.
Einkehr: Großer Inselsberg (6 km).

Inselartig überragt der Große Inselsberg fast 100 Höhenmeter den Kamm des Thüringer Waldes. Dank seines stellenweise naturbelassenen Laubwaldschmucks, seiner schönen Felsen und Aussichtsstellen, aber auch dank der guten Gastronomie auf dem Gipfel ist er eines der attraktivsten Ausflugs- und Wanderziele des gesamten Waldgebirges und sein meistbesuchter Berg. Berühmt sind die spätherbstlichen Inversionslagen, wenn sich der »Thüringische Rigi« wie eine Sonneninsel aus den Nebelniederungen erhebt und der Blick fast endlos über das gleißende Wolkenmeer schweift, aus dem im Nordwesten die Wartburg, im Norden Hörselberge, Kyffhäuser und Brocken, im Osten die Drei Gleichen, im Süden und Südosten Schneeberg, Großer Beerberg, Kickelhahn und Adlersberg sowie im Südwesten die Kuppen der Rhön auftauchen. Obwohl während der Sintflut auch die Arche Noahs auf dem Inselsberg geankert haben soll, verdankt dieser Quarzporphyr-Härtling seinen Namen nicht der markanten Insellage: Namensgeberin war die Emse oder Ense, die in seiner Nordwestflanke entspringt; die ältesten überlieferten Namen sind Emmiseberg (1330), Encenberg (1420), Emseberg (1528), ehe 1655 der Name Inselberg faßbar wird, dem später ein »s« eingefügt wurde. Die vorgeschlagene, sehr aussichtsreiche Wanderung erkundet die Gipfelpartie auf einer Route, die auch bei hochsommerlichem Ferientrubel überwiegend verhältnismäßige Ruhe bietet, da die meisten Inselsbergbesucher

Der Venetianerstein.

am bewachten Großparkplatz an der Grenzwiese (Gasthaus) starten: Von der Grenzwiese führt ein asphaltierter Weg auf den Gipfel; Busse und Behinderte dürfen auf einer für den öffentlichen Verkehr gesperrten Straße von der Grenzwiese bis fast auf den Gipfel fahren; außerdem kutschiert der Inselsberg-Express, ein Oldtimer-Mobil, im 15-Minuten-Takt Touristen von der Grenzwiese auf den Gipfel und zurück. Derzeit werben auf dem Gipfel drei Gasthäuser um die Gunst der Besucher. Eine alte Wetterregel deutet an, zu welcher Tageszeit die Wanderung am besten sein könnte: Auf dem Inselsberg gibt es zehn schöne Abende, aber nur einen schönen Morgen.

An der Wegeübersichtstafel am Parkplatz nehmen wir den halblinks in den Wald hinaufführenden Weg; einzige Ausschilderung ist ein Skipisten-Hinweis. In sachtem Anstieg zieht der Hangweg durch Fichtenbuchenwald, passiert die Schleppliftschneise und dann die Skipiste und erreicht gleich darauf eine Wegkreuzung. Hier gehen wir rechts hinab zum **Steinernen Amt**, einem der für den Inselsberg charakteristischen Porphyrfelsen; er bietet eine zwar kahlschlaggestörte, aber doch hervorragende Aussicht auf den nordwestlichen Thüringer Wald, auf die Wartberge und das Vorland.

Vom Steinernen Amt geht es zurück zum Hangweg und auf diesem weiter. An der Stelle, wo der *rot* markierte *Schlotweg* von Winterstein heraufkommt, steht eine Sitzbank; hier könnte man direkt (steil) zum Großen Inselsberg

Spätherbstlicher Blick über Lauchagrund und Felsental hinweg zum Hochrücken des Großen Inselsbergs.

aufsteigen, aber das Getürme auf dem Gipfel, das von hier unten zu sehen ist, läßt uns lieber noch ein wenig still im Hang verweilen. Im Nordwesthang fällt der Blick hinab in das Inselsberger Loch, das flankiert wird vom Kleinen Inselsberg (rechts) und vom Scharfenberg. Wenn der Hangweg, der *Grauer Weg* genannt wird, schließlich bei der Bergwachthütte auf den Rennsteig trifft, gehen wir rechts hinab zum **Venetianerstein**, einem Felsen mit phantastischem Blick in den Fuchshüttengrund und weitere Gründe im Einzugsbereich der Emse; der Venetianerstein ist ein guter Rastort. Der Name des Felsmassivs, vor dem Schutzhütte und Bank stehen, geht auf die Venediger oder Venezianer zurück, die sich angeblich auf Wünschelruten und Zauberei verstanden, in Thüringen zum Schein mit Tinte handelten, sich beim Handeln aber nach Erzlagern erkundigten, heimlich nachts Gold aus den Bächen wuschen, Schätze hoben und die größten Nutznießer des unterirdischen Reichtums im Thüringer Wald geworden sein sollen.

Vom Venetianerstein führt der Rennsteig zum Inselsberg. Gleich oberhalb des Venetianersteins laden Sitzbänke mit guter Südwestaussicht (Rhön) zur Rast, dann taucht der Rennsteig in die weitgehend **naturnahen Buchenwälder** des Inselsbergs. Sie sind Naturschutz- und waldökologisches Forschungsgebiet: Die Buche, die »Mutter des Waldes«, hat hier wie in den meisten Gebieten des Thüringer Waldes ihren natürlichen Standort.

Nach den naturnahen Buchen empfangen die naturfremden Telekom- und sonstigen Türme auf dem Gipfel des **Großen Inselsbergs**. Wir verlassen diesen Bereich und treten auf die Aussichtsfläche vor den Gasthäusern mit kolossalem Fernblick. Daß gleich drei Gasthäuser auf engstem Raum konkurrieren, ist kein Auswuchs des derzeitigen Wirtschaftssystems, sondern eine Folge feudalistischer Kleinstaaterei. Wie über die Schneekoppe im Riesengebirge verlief auch mitten über den Inselsberg eine Staatsgrenze, und wie auf der Schneekoppe brauchte jeder Staat sein eigenes Gasthaus: Auf hessischer Seite eröffnete 1810 die »Hessische Herberge«, die nach der Annexion des Gebiets durch Preußen (1866) in »Preußischer Hof« umbenannt wurde; auf sachsen-gothaischer Seite wurde 1851 das Gasthaus »Stadt Gotha« eröffnet. Die Staaten Preußen und Sachsen-Gotha gibt es nicht mehr, aber die Gasthäuser sind geblieben. Das dritte Gasthaus ist eine Jugendherberge mit winzigem Zeltplatz, letzterer ist derzeit nicht in Betrieb.

Von der Aussichtsplattform folgen wir dem Rennsteig wie bei Wanderung 44 Richtung *Grenzwiese* über das aussichtsreiche **Reitstein**-Felsmassiv hinab zum asphaltierten Rennsteig, bis links ein mit der Richtungsangabe *Umgehung Reitsteine* ausgeschildertes Weglein abzweigt. Das gelegentlich mit einem *gelben Quadrat* markierte Weglein zieht im Wald aufwärts, trifft auf die Bus- und Behindertenstraße und hält neben dieser weiter aufwärts, bis vor der Straßenserpentine Stufen zur Straße hinabführen. Wir queren die Straße und folgen einem Waldpfad in Serpentinen abwärts. Wenn der Pfad auf die Landstraße trifft, sind es noch 3 Minuten zurück zum Ausgangspunkt (links).

12 Winterstein – Großer Inselsberg – Sembachtal

Schöne stille Route auf den Inselsberg

Talort Winterstein: Im Emsegrund am Nordfuß des Inselsbergstocks liegt im Kreis Gotha der Erholungsort und Wintersportplatz Winterstein (350 m, 1200 Ew.). Die mittelalterliche Wasserburg (1307, Ruine) war Stammsitz der Herren von Wangenheim, deren heute bekanntester Sproß der Nationalschauspieler Eduard von Winterstein alias Wangenheim war. Im Kurpark steht das Hundedenkmal des »treuen Stutzel von Wangeheim« (1630), der im 30jährigen Krieg, als die Wintersteiner an der Pest starben, Briefbotendienste versehen haben soll. Über dem Gasthaus Hirsch liegt die sagenumwobene Burg »Sommerstein« (ahnbare Reste).
Ausgangspunkt: Winterstein Ortsmitte bei Kirche, Kurpark und Burg. Parkmöglichkeit gibt es auch am Sportplatz.
Weglänge: 12 km Rundwanderung.
Anstiege: 500 Höhenmeter.
Gehzeit: 4 Stunden.
Einkehr: Inselsberg (5 km).

Diese Bergwanderung verbindet den ruhigen Aufstieg durch die verhältnismäßig einsam gebliebenen Nordabstürze des Inselsbergs mit dem abschließenden Gang durch das naturschöne Sembachtal.
Auf der winzigen Durchgangsstraße in **Winterstein** leiten die Schilder Richtung *Inselsberg* sacht aufwärts und zweigen bald links zum Sportplatz unter dem Porphyrmassiv Trepp- oder **Treppenstein** am Ausgang des Sembachtals ab. Hier verzweigen sich die Routen: Wir nehmen die Markierung *roter Strich*, weil sie anders als die, allerdings sehr schöne, Sembachtalroute völlig ohne Straßenberührung zum Ziel führt. Man kann am Sportplatz auch auf die Treppsteine steigen und schon mal zum Inselsberg lugen.
Rasch zieht *roter Strich* auf dem *Schlotweg* im Waldhang des Breitenbergs aufwärts, passiert die **Schlotstein**-Felsen und erreicht kurz darauf die **Schlotwiese** (Schutzhütte). Von der Schlotwiese steigt *roter Strich* im Steil-

hang des Kleinen Inselsbergs über dem Inselsberger Loch weiter aufwärts und mündet schließlich auf den *Grauen Weg* im Hang des Inselsbergs. Der Aufstieg ist schweißtreibend. Von der Sitzbank am *Grauen Weg* will *roter Strich* steil weiter zum Gipfel; diese Route nehmen wir nicht, denn sie ist nur steil und sonst gar nichts; statt dessen wandern wir wie bei Wanderung 11 auf dem aussichtsreichen *Grauen Weg* rechts zum Venetianerstein bei der Bergwachthütte, genießen dort das prachtvolle Panorama und steigen dann auf dem *Rennsteig* durch das Buchennaturschutzgebiet auf den **Großen Inselsberg.**

Von den Gasthäusern auf dem Großen Inselsberg steigen wir mit *roter Strich* Richtung *Winterstein* ab, also auf der steilen Route, die wir vorhin vermieden haben, wenden uns am *Grauen Weg* rechts und folgen diesem Hangweg bis zur Straße Brotterode – Tabarz. Wir folgen der Straße kurz abwärts, bis der Weg in das tief eingeschnittene, von Felsmassiven flankierte **Sembachtal** abzweigt, dessen oberer Teil **Ilmengraben** genannt wird. Weiter unten erinnert der Name der **Bonifatiuswiese** (Schutzhütte) an die Bekehrung der Heiden, und noch weiter unten in diesem romantischen Laubwaldtal ist rechts der **Kilianstein** ausgeschildert: Wer dem Hinweisschild folgt, sieht einen freistehenden Felsturm, auf dem einst der heilige Kilian den Heiden gepredigt haben soll und auf dem heute ein Bäumchen wächst. Wenig später sind wieder die **Treppensteine** erreicht, und auf ihnen können wir zurückblicken zum Inselsberg.

Der Trepp- oder Treppenstein am Ausgang des Sembachtals.

13 Tabarz – Großer Inselsberg

Durch Lauchagrund und Felsental zum Inselsberg

Durch den unteren Lauchagrund und das naturschöne Felsental führt diese Wanderung zum Großen Inselsberg, dem »Berg der Berge« des Thüringer Waldes. Als Abstiegsvariante ist auf der Karte die vielbegangene Datenberg-Route eingezeichnet; sie hat den Vorteil, aussichtsreicher zu sein, aber den großen Nachteil, daß man auf weiten Strecken vom Lärm des Straßenverkehrs belästigt wird, während unsere Route fein still ist.

Talort Tabarz: Die Gemeinde Tabarz (440 m, 4300 Ew.) ist ein Luftkurort und Wintersportplatz im Kreis Gotha am Austritt der Laucha aus dem Thüringer Wald im Nordosten des Inselsbergmassivs. Gebildet wurde sie 1975 aus Tabarz (»Tannenfurt«), Cabarz und weiteren Orten. Die Umgebung von Tabarz zählt zu den schönsten und spannendsten Wandergebieten des Thüringer Waldes. Die Felsen über dem naturschönen Lauchagrund sind ein bedeutendes Kletterrevier.

Ausgangspunkt: Ortszentrum Tabarz (400 m), Haltestelle der Thüringerwaldbahn.
Weglänge: 15 Kilometer Rundwanderung.
Anstiege: 500 Höhenmeter.
Gehzeit: 5 Stunden.
Einkehr: Tabarz (0 km), Massemühle (2 km), Großer Inselsberg (9 km), Grenzwiese (10 km).

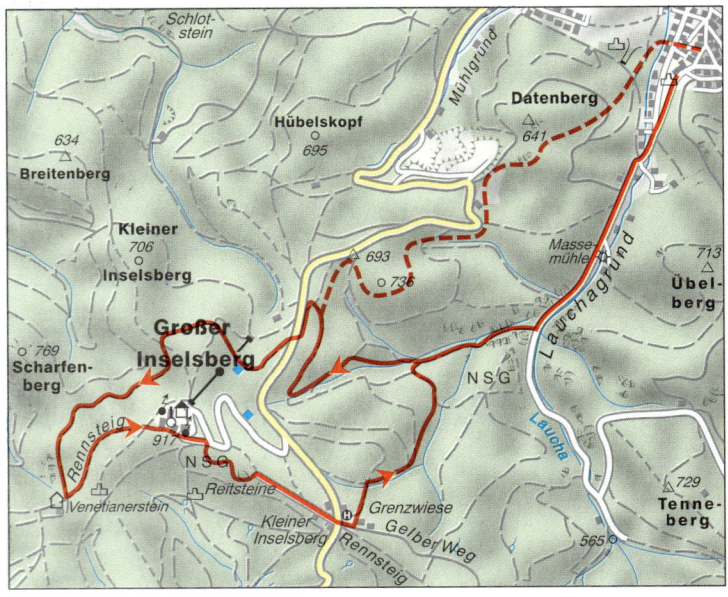

Blick vom Beerbergstein in die Gründe im Einzugsbereich der Emse, die dem In-
selsberg den Namen gegeben hat. Links im Mittelgrund runden sich die Wartberge.

Vom Ortszentrum **Tabarz** folgen wir kurz kleineren Straßen in den **Lauchagrund** und bleiben dann auf dem Waldweg rechts (östlich) der Laucha. Der
Weg kommt am **Steinpark**, einer Ausstellung von Gesteinen des Thüringer
Waldes, vorbei, trifft beim Tennisplatz und dem Carl-Spindler-Gedenkstein
auf die Stichstraße, der wir weiter grundeinwärts folgen, wobei es gleichgül-
tig ist, ob man an der nächsten Verzweigung via Schweizerhaus oder Massemühle geht: Beide Varianten treffen schließlich auf die Rastplatz-Talverzwei-
gung oberhalb der Massemühle unter dem Torsteinmassiv (Wanderung 14).
Hier verlassen wir den links hinauf abzweigenden Lauchagrund und folgen
dem von der Strenge durchflossenen naturschönen **Felsental** mit seinen
Farnen, Moosen und Flechten aufwärts. Nach Passieren der Torstein-Ab-
zweigung leitet der *Pantoffelweg* mit Inselsbergblick weiter aufwärts, und an
der nächsten Verzweigung nehmen wir nicht den links zur Grenzwiese hinaufführenden Weg, sondern den Weg, der geradeaus (sacht rechts) weiter
im Strengebachtal aufwärts führt. Schließlich trifft der Weg auf die Paßstraße
Tabarz – Brotterode; wir folgen ihr kurz aufwärts, biegen am Parkplatz rechts
ab und gehen wie bei Wanderung 11 via **Steinernes Amt**, **Venetianerstein**
und Rennsteig zum **Großen Inselsberg**. Der Abstieg erfolgt weiter wie bei
Wanderung 11 über die aussichtsreichen **Reitsteine**, dann führt der *Rennsteig* hinab zur **Grenzwiese** (Bushaltestelle; Verbindung nach Tabarz). Hier
queren wir die Paßstraße, gehen geradeaus auf dem Rennsteig und hinten
links am Kassenhäuschen vorbei auf den Großparkplatz. In der hintersten
Ecke des Parkplatzes zweigt die Markierung *gelbes Viereck* zurück ins Felsental und in den Lauchagrund ab.

14 Lauchagrund – Aschenbergstein – Übelberg

Über die Felsen des Lauchagrunds auf den aussichtsreichen Übelberg

Talort Tabarz: Siehe Wanderung 13.
Ausgangspunkt: Schweizerhaus (430 m) im Lauchagrund südlich von Tabarz. Wer mit der Thüringerwaldbahn anreist, folgt etwa 15 Minuten kleinen Straßen hinüber in den Lauchagrund.
Weglänge: 10 km Rundwanderung.
Anstiege: 550 Höhenmeter.
Gehzeit: 4 Stunden.
Einkehr: Schweizerhaus (0 km), evtl. Massemühle (0 km).

Der Lauchagrund zählt zu den naturschönsten Spazier- und Wandergebieten im Thüringer Wald und ist eines seiner bedeutendsten Kletterreviere. Die Wanderung bietet mehrfach vorzügliche Aussicht.

Vom **Schweizerhaus** leitet der *Fußweg Lauchagrund* im Hang talaufwärts und mündet schließlich auf den geteerten, autofreien Weg im **Lauchagrund**. Gleich darauf ist rechts das **Backofenloch** ausgeschildert; ein Steig führt zur Höhle hinauf. Es ist lohnend, ganz hinaufzusteigen, denn an der Abbruchkante bietet sich ein schöner Blick hinüber zum Aschenbergstein. Wir folgen nicht dem Pfad weiter an der Abbruchkante entlang (und auch nicht dem Pfad bzw. Weg weiter oben), sondern steigen am Backofenloch vorbei zurück in den Lauchagrund. Bald erreicht der Weg den Rastplatz an der Einmündung des Felsentals in den Lauchagrund. Ein Steig führt steil durch eine einzigartige Wald- und Felsenwelt zum **Torstein** hinauf, einem Porphyrfelsen mit 12 m breitem und bis zu 7 m hohem Tor. Oberhalb sind Reste eines befestigten Orts erhalten: Hier soll eine frühkeltische »Burg« gewesen sein. Oberhalb des Tors führt ein Weglein weiter zu einer Wegespinne mit alten Buchen. Hier zieht ein Wirtschaftsweg halbrechts hinab und stößt bald in das von der Strenge durchflossene Felsental. Durch dieses Tal mit seltenen Farnen, Moosen und Flechten geht es zurück zur Raststelle im Lauchagrund. Dort überschreiten wir die Laucha (rechts) und folgen dem mit *blauer Strich* markierten Weglein bzw. Steig etwas steil hinauf Richtung *Tanzbuche*. An der Verzweigung weiter oben (Sitzbank) biegen wir links auf einen Pfad ab; der Pfad erklimmt den **Aschenbergstein**, einen lotrecht abstürzenden Porphyrfelsen, dessen ge-

Das Backofenloch im Felshang über dem Lauchagrund.

ländergesicherter, kreuzbezeichneter Gipfel einen grandiosen Blick in Lauchagrund und Felsental sowie zum Großen Inselsberg bietet (siehe Foto S. 49). Wie am Torstein sollen auch hier die Menschen der sagenhaften Zeit eine »Burg« gehabt haben. Zu dieser Burg soll eine Jungfrau immer morgens heraufgestiegen sein, um zu beten. Einmal kam ein Bär, sie kniete nieder und hielt ihm ein Kreuz entgegen, der Bär sprang in den Abgrund und brach sich das Genick. So heißt der Burgfelsen auch »Bärenbruchstein«.

Vom Aschenbergstein leitet ein stiller Waldpfad, markiert *gelb x*, Richtung *Gickelhahnsprung*. An der nächsten Verzweigung gehen wir links hinauf auf dem Grasweg neben dem Bach – ein paradiesisch schönes Wegstück. Das Paradiesweglein mündet auf einen asphaltierten Weg, und der führt hinauf zur Wegespinne **Fünfarmiger Wegweiser** (Schutzhütte, Bänke, Tisch). Hier biegt *gelbe Scheibe* auf einen Pfad ab und ersteigt auf einer Hühnerleiter den

Gickelhahnsprung-Felsen mit Blick in den Ungeheuren Grund. Der Felsen trägt diesen Namen, weil hier einem Eremiten ein Gickelhahn (ein Hahn) entsprungen sein soll. Vom Gickelhahnfelsen leitet *gelbe Scheibe* aufwärts und wechselt auf einen Wirtschaftsweg, den so viele Himbeersträucher begleiten, daß sich hier tagelang schlemmen und sammeln ließe. Vom Himbeerenweg biegen wir an der dritten Verzweigung links hinauf auf einen Grasweg ab; der Grasweg stößt nach 1 Minute auf eine Verzweigung mit Sitzbank. Hier gehen wir rechts hinauf in Fichtenforst; an der nächsten Verzweigung müssen wir links, können aber noch kurz geradeaus und – ehe sich der Weg zu einem Hochsitz hinabsenken will – halbrechts gehen: Dort steht ein Felsen mit prachtvoller Aussicht über den Ungeheuren Grund hinweg und weit in das Vorland hinein, ein exzellenter Rastplatz. Vom Felsen kehren wir zurück und gehen mit *gelb x* im Fichtenforst im Hang sacht aufwärts und an der nächsten Verzweigung rechts hinauf auf einem Hölzerstufenweg zum **Übelberg**: Der Gipfelfelsen bietet weite Aussicht über den Zimmerberg hinweg in das Vorland (Sitzbank). Vom Gipfelfelsen zieht ein Graspfad kammabwärts, bald mit einzigartiger Aussicht zum Inselsberg; dies ist eine feine Sonnenbaderaststelle. Nun durchsteigt der Pfad die mächtigen **Hexenbank**-Felsen im Westabsturz des Übelbergs unter alten Buchen. Wenn der Pfad im Nordhang auf ein Weglein mündet, folgen wir diesem im Hang rechts zur Schutzhütte am Neuen Weg. Der *Neue Weg* zieht links hinab nach Tabarz.

Der Torfelsen auf einem Sporn zwischen Felsental und Lauchagrund.

Große Pause auf dem Aschenbergstein; im Hintergrund der Inselsberg.

Wer nicht in die Ortsmitte zurückkehren muß, zweigt nach einer Viertelstunde links auf einen geländergesicherten Stufenhölzersteig ab; er führt rasch hinab in den Lauchagrund und erreicht diesen am Tennisplatz beim Carl-Spindler-Gedenkstein.

15 Marienglashöhle – Ungeheurer Grund – Schauenburg

Romantische Waldwanderung zur ersten Burg der thüringischen Landgrafen

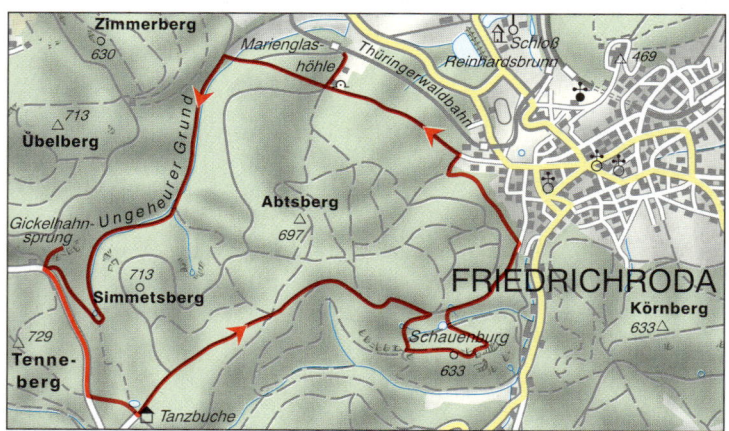

Talort Friedrichroda: Die Stadt Friedrichroda (450 m, 5600 Ew.) ist Kur- und Wintersportort in einer windgeschützten Talweitung am Nordostrand des Thüringer Waldes im Kreis Gotha. 1114 als Friderichsrot (Friedrichs Rodung) erstmals erwähnt, Stadt seit 1597. Das Benediktinerkloster Reinhardsbrunn, das Ludwig der Springer 1089 als Hauskloster der thüringischen Landgrafen stiftete und mit Mönchen aus Hirsau besetzte, wurde im Bauernkrieg zerstört; auf seinem Gelände entstand im 19. Jh. ein herzogliches Lustschloß mit Landschaftspark.

Ausgangspunkt: Haltestelle Marienglashöhle (430 m) an der Thüringerwaldbahn Gotha – Tabarz westlich von Friedrichroda; hier findet sich auch ein Großparkplatz, ausgeschildert an der B 88.

Weglänge: 12 km Rundwanderung.

Anstiege: 400 Höhenmeter.

Gehzeit: 4 Stunden.

Einkehr: Sankt Marien und Marienglashöhle (0 km), Tanzbuche (6 km).

Durch das stille Waldtal des Ungeheuren Grundes führt diese Wanderung zur Tanzbuche und zu den aussichtsreichen Schauenburgfelsen, auf denen Ludwig mit dem Barte um 1050 die Stammburg der alten thüringischen Landgrafen errichtet hat.

Von der Thüringerwaldbahn-Haltestelle leitet ein Weg hinauf zur **Marienglashöhle**, einer 1784 in einem Gipsstock entdeckten Höhle, seit 1968 geologisch-bergbaugeschichtliche Schauhöhle. Die glitzernden durchsichtigen Gipskristalltafeln, die früher auch als Schutz für Heiligen- und Marienbildchen dienten (daher der Name der Höhle), bieten einen malerischen Anblick.

Im Ungeheuren Grund. Dieses stille Waldtal heißt so, weil hier zuweilen »ein unge-heures Flüstern« zu hören sein soll.

Auf dem Waldweg oberhalb der Höhle geht es rechts (westwärts), bis bei Rastbank und Wiese der Weg in den **Ungeheuren Grund** abzweigt. In diesem tief eingeschnittenen, vom Übelberg überragten Waldtal begleitet das Rauschen des über Blockwerk springenden »Badewassers« den Auf-stieg. Aus dem Ungeheuren Grund zieht der Weg hinauf zum **Fünfarmigen Wegweiser** (Schutzhütte, Rastbänke, Tisch); ein schönerer Platz als diese Wegespinne ist 2 Minuten westlich der **Gickelhahnsprung**-Felsen. Vom Fünfarmigen Wegweiser einen Asphaltweg aufwärts, bis kurz vor einer Natur-denkmalsbuche links ein Waldweg zur **Tanzbuche** abzweigt (Gaststätten, Autozufahrt). Von der Tanzbuche leitet der *Burgweg* weiter; er trifft bald auf den namenlosen Kopf P 700 (überdachte Bänke und Tisch) mit Blick weit ins Vorland. Von P 700 zieht der *Burgweg* im Wald rasch talwärts, bis *grüner Strich* oberhalb eines Wiesengrundes rechts abzweigt und zum Rastplatz an der **Mariaquelle** führt; der Blick fällt zum Schauenburgberg und zum Schau-enburgteich im stillen Wiesengrund. Von der Quelle gehen wir weiter und biegen nach Wiedereintritt in den Forst auf den ersten Weg links hinauf ab. Er erklimmt die **Schauenburg**, deren geländergesicherter höchster Fels prachtvollen Tiefblick in den Kesselgraben und den Kühlen Grund sowie hinauf zum Regenberg und zum Heuberg gewährt. Wir folgen dem Fels-kamm grob ostwärts (Pfade), treten in den Forst ein und steigen in Serpenti-nen zum **Schauenburgteich** hinab. Nach Überschreiten des Damms leitet *grüner Strich* rechts, zweigt kurz vor den ersten Häusern von Friedrichroda links auf einen Pfad hinauf ab (!) und leitet dann hinab zum Waldweg Friedrichroda – Marienglashöhle; jetzt sind es noch 10 Minuten zur Höhle.

16 Reinhardsbrunn – Finstere Tanne – Schloß Tenneberg

Vom Gondelteich über die aussichtsreiche Finstere Tanne

Talort Waltershausen: Die Stadt Waltershausen (325 m, 12 000 Ew.) liegt am Nordostfuß des Thüringer Waldes im Kreis Gotha. Sie entstand aus einer fränkischen Siedlung des 8./9. Jh. Klaustor (16./18. Jh.), Töpfersturm (1500), Rathaus (1554), Stadtkirche (1719-23) und weitere Bauten im Altstadtkern zeugen von ihrer Bedeutung am Schnittpunkt der alten »Salzstraße« Salzungen – Erfurt und dem Handelsweg Eisenach – Ilmenau – Saalfeld. Im heutigen Erholungsort Schnepfenthal gründete Christian Gotthilf Salzmann 1784 die philanthropische Erziehungsanstalt Schnepfenthal (heute Salzmanngedenkstätte und Gymnasium), der Turnpädagoge Johann Christoph Friedrich GutsMuths legte hier 1785/1800 den ersten deutschen »Turnplatz« an.

Ausgangspunkt: Parkplatz Gondelteich Reinhardsbrunn (380 m) unweit der Thüringerwaldbahn-Haltestelle Reinhardsbrunner Teiche in Reinhardsbrunn südlich von Waltershausen bzw. nordnordwestlich von Friedrichroda (Talort von Wanderung 15).

Weglänge: 10 km Rundwanderung.

Anstiege: 300 Höhenmeter.

Gehzeit: 3 Stunden.

Einkehr: Gondelteich (0 km), Deysingslust (5 km, Abstecher), Schloß Tenneberg (7 km).

Von den Reinhardsbrunner Teichen leitet diese bequeme Wanderung zur aussichtsreichen Finsteren Tanne und weiter zum Schloß Tenneberg.

Vom Parkplatz geht es straßenabseitig am **Gondelteich Reinhardsbrunn** vorbei. Er ist einer der **Reinhardsbrunner Teiche**, die von den Benediktinermönchen des Klosters Reinhardsbrunn, des Stammklosters der alten thüringischen Landgrafen, zum Zweck der Fischzucht angelegt wurden. Nach Überschreiten des Badewassers, des aus dem Ungeheuren Grund herbeifließenden Bachs, gehen wir in Gehrichtung geradeaus aufwärts (!) im Wald und folgen dem Hauptweg zum kleinen **Komstkochsteich**, in dem Seerosen schwimmen, dann geradeaus (nicht halbrechts!) aufwärts zum **Hexenrasen**. Um die riesige Kiefer in der Mitte der Wiese sollen zuweilen Elfen tanzen,

Sitzbänke laden zum Zuschauen ein. Hinter der wegseitigen Bank steht ein alter dreieckiger Grenzstein mit verwitterter Inschrift. Bergseitig der Kiefer zweigt ein Pfad ab. Er führt, begleitet von Fliegenpilzen, auf die **Hohe Wurzel**, überschreitet die mit Lärchen bepflanzte Kuppe und senkt sich in einen Sattel (Rastbänke), aus dem ein Weg, später ein Pfad geradeaus aufwärts auf die **Finstere Tanne** führt. Dort oben bietet sich ein sehr schönes Panorama mit Großem Inselsberg, Übelberg und Ungeheurem Grund als markantesten Blickfängen; eine blaue Sitzbank lädt zum Verweilen ein, es ist schön hier und ruhig. Nun folgen wir dem Pfad in den Wald hinab, halten uns an der ersten Verzweigung rechts und folgen dem Grasweg immer geradeaus durch Forst zur Schutzhütte an der Wegespinne **Kuhplatz**. Wer einkehren möchte, kann hier in 10 Minuten zur **Deysingslust** gehen. Vom Kuhplatz leitet *gelber Strich* zum **Schloß Tenneberg**, 1176 erstmals als Burg bezeugt, 1718-27 zum Schloß umgebaut, heute Heimatmuseum mit Trachten, Puppen, Spielzeug und anderen sehenswerten Stücken aus der Geschichte von Waltershausen. Im stadtabseitigen Hang des als Naturschutzgebiet ausgewiesenen **Burgbergs** geht es zurück, und am Komstkochsteich treffen wir wieder auf den bekannten Weg, der zum Gondelteich zurückführt.

Früh übt sich: abendliche Kinder-Bootspartie auf dem Reinhardsbrunner Gondelteich, wo es noch echte Ruderboote aus Holz gibt.

17 Finsterbergen – Leinagrund

Gemütliche Panorama- und Waldwanderung rund um den Finsterberg

Talort Finsterbergen: Die Gemeinde Finsterbergen (490 m, 1500 Ew.) liegt am Nordostrand des Thüringer Waldes auf dem von der Leina umflossenen Finsterberg im Kreis Gotha. 1141 wird der Ort als Disterberc (Düsterberg) erstmals erwähnt. Die Männer in diesem abgelegenen Dorf arbeiteten ab dem 15. Jh. überwiegend als Fuhrleute, ehe die industrielle Revolution (Eisenbahn) sie ab 1847 arbeitslos machte. Daraufhin produzierten die Familien in Heimarbeit Puppen. Literarische Berühmtheit erlangte das Puppenmacherdorf durch die in Finsterbergen spielende Novelle »Die Puppe« von Martin Andersen Nexø. Als 1888 der erste registrierte Kurgast nach Finsterbergen kam (Gedenktafel), begann der Aufstieg des Ortes zum Erholungs- und Ferienort.

Ausgangspunkt: Bushaltestelle Steigermühle (420 m) am Nordrand von Finsterbergen an der von Georgenthal heraufführenden Straße; Buslinien Gotha – Georgenthal – Finsterbergen, Finsterbergen – Friedrichroda – Reinhardsbrunn – Finsterbergen – Waltershausen. Hier bestehen auch Parkmöglichkeiten. Es ist nicht empfehlenswert, an der Bushaltestelle dem »Großen Rundwanderweg« zu folgen, sondern die Wanderung wie in der Beschreibung vorgeschlagen zu beginnen.

Weglänge: 12 km Rundwanderung.

Anstiege: 350 Höhenmeter.

Gehzeit: 3 - 4 Stunden.

Einkehr: Café Leinagrund, 3km.

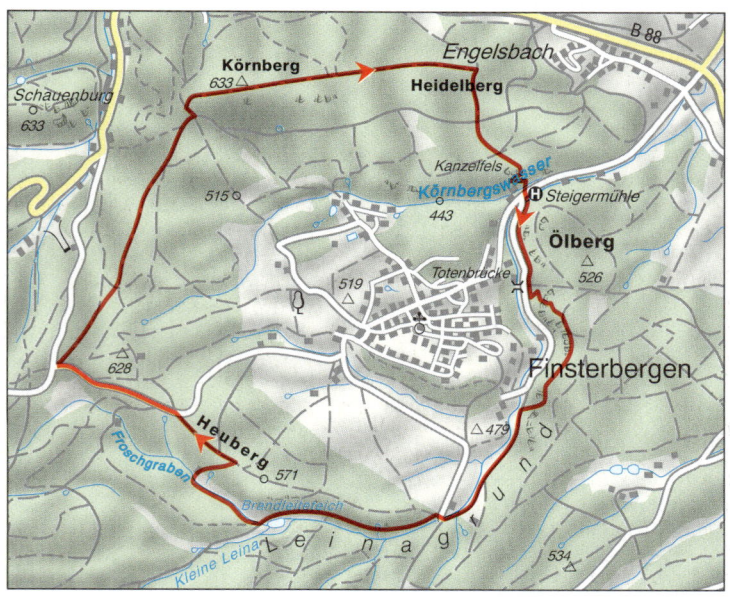

Die Totenbrücke im Leinagrund.

Die überwiegend bequeme Wanderung um den Finsterberg wartet mit einigen schönen Aussichtsstellen auf.

Von der Bushaltestelle bei **Finsterbergen** gehen wir wenige Meter an der Straße aufwärts und biegen dann links auf den Forstweg ab, der im **Leinagrund** sacht aufwärts führt. Wenige Meter nach Passieren der **Totenbrücke** zweigt links ein Serpentinenpfad ab, der steil aufwärts steigt und dann im Hang auf den mit *grüner Strich* markierten *Großen Rundwanderweg* trifft. Dieser leitet auf einem Pfad rechts zu einer Schutzhütte über den in den Leinagrund abstürzenden Felsen – ein hervorragender Rastplatz mit Blick über Finsterbergen hinweg auf den Kamm des Thüringer Waldes. Von der Schutzhütte folgt der *Große Rundwanderweg* geländergesichert der aussichtsreichen Abbruchkante oberhalb der Felsen und steigt schließlich in den Leinagrund ab, folgt ihm aufwärts zum **Brandleite-Teich**, zieht neben dem **Froschgraben** weiter aufwärts und wechselt rechts auf den Rücken des **Heubergs**. An der Wegverzweigung geht es auf dem Fahrweg kurz links hinauf und dann mit *grüne Scheibe* (zuletzt *gelber Strich*) durch die Wälder hinüber zum **Körnberg** mit dem **Adolphsblick**. Dort leitet der mit *gelber Strich* markierte *Höhenweg* in sachtem Abstieg weiter, und wenn sich schließlich *gelber Strich* links verabschiedet, gehen wir rechts, treffen gleich darauf wieder auf den *Großen Rundwanderweg* und lassen uns von ihm zur Schutzhütte auf dem aussichtsreichen **Kanzel**-Fels leiten. Nun sind es nur noch wenige Minuten zurück zum Ausgangspunkt.

18 Ickersbachtal – Kreuz – Nesselbachtal

Durch das romantische Ickersbachtal zum Rennsteig

Talort Kleinschmalkalden: Die Gemeinde Kleinschmalkalden (450 Ew., 1600 Ew.) ist ein Kurort im oberen Schmalkaldetal auf dem Westhang des Thüringer Waldes im Kreis Schmalkalden-Meiningen. Dank der landschaftlich reizvollen Umgebung wurde der Ort schon um 1900 vom Fremdenverkehr entdeckt. Jedes Jahr weden Ende August die Hohe-Warte-Festspiele mit dem traditionellen Schubkarrenrennen veranstaltet. Die Schmalkalde war früher Grenzfluß zwischen Hessen (westlich) und Sachsen-Gotha. Im 14. Jh. ließen sich auf hessischer Seite »in der Smalghaldin« Eisenschmiede nieder, der gothaische Ortsteil wurde im 16. Jh. gegründet.

Ausgangspunkt: Ausgang des Ickersbachtals (505 m) an der Paßstraße von Kleinschmalkalden in das auf der Ostseite des Kammes gelegene Friedrichroda; es gibt hier winzige Parkmöglichkeit. Die Bushaltestelle »Kleinschmalkalden Waldschenke« liegt 500 m straßenaufwärts am Gasthaus Waldschenke; Buslinien Schmalkalden – Friedrichroda – Erfurt und Bad Liebenstein – Brotterode – Friedrichroda.

Weglänge: 9 km Rundwanderung.

Anstiege: 250 Höhenmeter.

Gehzeit: 3 Stunden.

Einkehr: Spießberghaus (6 km, Abstecher), Waldschenke (8 km).

Durch das liebliche Tal des Ickersbachs mit seinen unter Naturschutz stehenden Wiesen führt diese, bequemen Wegen folgende Wanderung hinauf zum Possenröder Kreuz am Rennsteig und durch den Wiesen- und Waldgrund des Nesselbachs zurück.

Wir nehmen den Wirtschaftsweg, der sofort rechts in das **Ickersbachtal** hinaufschwingt und, flankiert von alten Laubbäumen, aufwärts hält. Dieses stille Wiesental, in dessen unterem Bereich mächtige Felsen aufragen, ist ein Idyll. In sachtem Anstieg hält der Weg aufwärts, schwingt vor der **Hirschbalzwiese** rechts und mündet auf die *Hohe Straße*, den alten Handelsweg von Franken nach Thüringen. Wir folgen ihm aufwärts, passieren eine Buchenwaldinsel und erreichen am Bossenborner oder **Possenröder Kreuz** den Rennsteig. Am Possenröder Kreuz verlassen wir die *Hohe Straße* und halten auf dem Rennsteig links. Wenn der Rennsteig nach Überschreiten des

Spießbergs auf die Rastbänke am Spießberghaus-Zufahrtsweg trifft, zweigen wir halblinks hinab ab und wandern durch das Wald- und Wiesental des **Nesselbachs** hinab zur **Waldschenke** an der Paßstraße Kleinschmalkalden – Friedrichroda. Wenige Meter unterhalb der Waldschenke steht einer jener preußischen **Grenzadler**, die daran erinnern, daß die Schmalkalde bis ins 20. Jahrhundert ein Grenzfluß war.

Am Possenröder Kreuz.

19 Seligenthal – Falkenburgstein – Haderholzstein

Faszinierende Waldwanderung zu zauberhaften Felsen

Talort Floh-Seligenthal: Die Gemeinde Floh-Seligenthal (340 m, 5500 Ew.) ist ein Erholungsort im Südwesthang des Thüringer Waldes im Kreis Schmalkalden-Meiningen. Die landschaftlich reizvoll gelegene Großgemeinde mit umfassendem Wanderwege- und Loipennetz erstreckt sich von Seligenthal im Tal der Schmalkalde bis hinauf zum Bergsee bei der Ebertswiese am Rennsteig auf dem Kamm des Thüringer Waldes. Die Barockkirchen in Seligenthal (1687- 98/1750), Floh (1711) und Schnellbach (1738-40) gelten als Musterbeispiele evangelischer »Karlskirchen«.
Ausgangspunkt: Brücke über die Schmalkalde am Kurpark (340 m) von Seligenthal.
Weglänge: 10 km Rundwanderung.
Anstiege: 550 Höhenmeter.
Gehzeit: 3 Stunden.

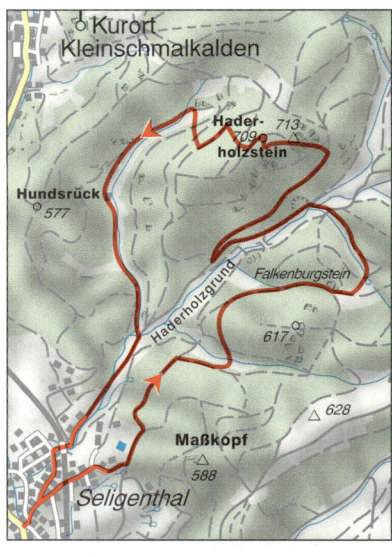

Diese idyllisch schöne Wanderung führt zu zwei sagenumwobenen Felsburgen hoch über dem stillen Haderholzgrund. Beide Felsburgen bieten prächtige Aussicht und sind vorzügliche Sonnenbadeinseln im Wald. Am Kurpark in **Seligenthal** überschreitet der mit *grünem Schrägrechtsbalken* markierte Naturlehrpfad die Schmalkalde, folgt kurz der *Haderholzstraße* aufwärts und biegt rechts in die *Friedensstraße* ein. Nach 10 Minuten tritt er in den Laubwald und folgt dem historischen Handelsweg *Hohe Straße*. Die Hohe Straße wird 1535 als Weinstraße erstmals erwähnt und war Teil einer alten Fernverbindung von Franken über den Thüringer Wald in das Thüringer Becken. Der Naturlehrpfad stößt in ein Bachtälchen und erreicht den sagenumwobenen **Jungfernborn:** Alle sieben Jahre kommt die weiße Jungfrau an diese Quelle in der Hoffnung, daß jemand sie erlöst (vgl. Foto S. 13). Oberhalb erhebt sich der einfach zu erkraxelnde **Falkenburgstein**, eine Insel des Lichts hoch über den Wipfeln der Wälder. Auf dem Falkenstein wohnte Irmhild, und jenseits des Haderholzgrundes, auf den Felsen der »Tamburg«, wohnte Hermann. Die Väter der beiden Liebenden haderten um das Holz im Grund, der deshalb Haderholzgrund heißt. Die Wissenschaft hat herausgefunden, daß der Falkenburgstein von einem Wassergraben und einer Palisa-

Vom Falkenburgstein schweift der Blick über den Haderholzgrund hinweg zum Haderholzstein.

de »germanischer Bauart« umgeben war; auch die heilige Elisabeth soll 1227 auf diesem Felsen gestanden haben. Als Irmhild bei der Geburt ihres Kindes starb, stürzte sich Hermann aus Verzweiflung ins Schwert, seither sind die Felsburgen verwaist.

Von der Wiese unterhalb des Falkenburgsteins leitet der Naturlehrpfad durch das **Bärental** in den **Haderholzgrund** hinab und erreicht ihn bei einem Rastplatz. Nun geht es im Haderholzgrund 10 Minuten abwärts, bis rechts der *Promenadenweg* auf den **Haderholzstein**, die alte **Tamburg**, abzweigt. Wie zahlreiche weitere Erhebungen in diesem Gebiet gewährt auch der Haderholzstein eine weite Aussicht bis hinaus in das Werratal und die jenseits des Tals ansteigende Rhön. Der Name »Haderholzstein« rührt von Grenzstreitigkeiten zwischen Hessen und Sachsen im 15./16. Jahrhundert her, ursprünglich hieß der Berg Tamberg oder Tamburg, eine Feudalburg ist ebensowenig nachgewiesen wie eine Falschmünzerwerkstatt in der **Münzhöhle** an den **Münzsteinen**; es gibt hier viele Felsen (Porphyr). Vom Haderholzstein geht es hinab in ein kleines Tälchen; durch dieses zurück in den Haderholzgrund, der am **Gakenstein** erreicht wird. An der (vorderen) **Maßbrücke**, dem »Tor zum Haderholzgrund«, trifft man wieder auf den Verkehr, links ist ein Rastplatz mit Brunnen von 1831, und kurz nach Unterqueren der Eisenbahnbrücke sind wir wieder im Kurpark von Seligenthal.

20 Floh – Höhenberge – Bergsee

Über den aussichtsreichen Höhenberg zum Badesee an der Ebertswiese

Talort Floh-Seligenthal: Siehe Wanderung 19.
Ausgangspunkt: Bushaltestelle Floh-Oberdorf (370 m) in Floh an der Straße Schmalkalden – Tambach-Dietharz. Buslinie Schmalkalden – Floh – Struth-Helmershof – Asbach.

Weglänge: 13 km Rundwanderung.
Anstiege: 500 Höhenmeter.
Gehzeit: 4 Stunden.
Einkehr: Berghotel Ebertswiese (7 km, hier, am Rennsteig, werden auch Wanderhütten vermietet), Imbiß am Bergsee (8 km), Schnellbach (13 km).

Mit mehreren vorzüglichen Aussichtsstellen leitet diese Wanderung auf einem Naturlehrpfad teils im Wald, teils neben ausgedehnten Wiesen auf die Höhenberge, wo der Bergsee zum Baden einlädt.

Von der Bushaltestelle in **Floh-Oberdorf** geht es wenige Schritte die Straße abwärts und sofort rechts hinauf Richtung *»Schöne Aussicht«* mit der Markierung *grüner Strich* und oben geradeaus. In sachtem Anstieg leitet der Natur-

Vom Hang des Mittleren Höhenbergs blickt man auf den Bergsee in der Sohle des Steinbruchs sowie weit hinaus auf den Kamm des Thüringer Waldes.

lehrpfad aufwärts und mündet auf einen Forstweg, der bis zum Buchborn öffentlich befahren werden darf. Beim aussichtsreichen **Buchborn** zweigt der Naturlehrpfad auf einen Wiesenweg ab, enteilt in die stillen Hangwälder der Höhenberge und zweigt kurz vor dem Bergsee links hinauf ab. Von einer Aussichtsstelle mit Blick auf den Bergsee zieht der Pfad hinauf auf den **Mittleren Höhenberg** (836 m); am Gipfel gehen wir geradeaus und gelangen an den Rand eines Verwitterungsblockfeldes mit prächtigem Blick zum Großen Inselsberg. Vom Blockfeld geht es zurück zum Gipfel und auf dem Kammpfad abwärts (nordwärts), bei einem eingezäunten »Naturdenkmal« halbrechts, am Weg rechts (abwärts), am nächsten Weg links, bald aussichtsreich am Rand der **Ebertswiese**, der feuchten Quellwiese der Spitter. Wenn der Weg auf den *Rennsteig* trifft, folgen wir diesem rechts und biegen an der nächsten Verzweigung rechts Richtung *Berghotel Ebertswiese* ab, durchschreiten die Ebertswiese und gelangen zum **Bergsee**. Vom Bergsee auf derselben Route zurück zum Buchborn und dort links auf den Weg *roter Strich*. *Roter Strich* führt im Hang über dem Laudenbachtal und die **Insel** mit ihrem Panoramablick hinab in den Erholungsort **Schnellbach** im Flohtal. Nun wäre es noch eine Viertelstunde an der Straße abwärts zum Ausgangspunkt, aber es ist besser, die eine Station mit dem Bus zu fahren (Bushaltestelle bei der barocken Dorfkirche (1684/1740) beim Gasthaus »Löwen«).

21 Tambach – Spittergrund – Tammich

Bequeme Tal- und Bergwanderung

Talort Tambach-Dietharz: Die Stadt Tambach-Dietharz (450 m, 4600 Ew.) ist ein Erholungsort und Wintersportplatz in der Tambacher Sieben-Täler-Weitung auf der Nordostabdachung des Thüringer Waldes im Kreis Gotha. Stadt seit 1919.
Ausgangspunkt: Altes Rathaus/Postamt in Tambach-Dietharz (450 m) an der Durchgangsstraße.
Weglänge: 14 km Rundwanderung.
Anstiege: 350 Höhenmeter.
Gehzeit: 4 Stunden.
Einkehr: Tambach-Dietharz (0 km), Berghotel Ebertswiese (7 km).

Durch den romantischen Spittergrund mit dem höchsten natürlichen Wasserfall des Thüringer Waldes leitet diese Wanderung hinauf zur Ebertswiese am Rennsteig und führt durch das naturschöne Rechte Tammichtal zurück. Vom **Alten Rathaus** geht es wenige Schritte an der Durchgangsstraße aufwärts, nach Überschreiten der Brücke rechts und sofort links in die *Spitterstraße* (Anliegerstraße), die dem Bach in kaum merklichem Anstieg aufwärts folgt. Die Spitter weist bis fast zum Rennsteig die Route, vorbei an der **Georgenthaler Wand**, an der **Schnapsbuche**, an der sich früher Schmuggler getroffen haben, dann ist der **Spitterfall** erreicht, mit 19 m Fallhöhe der größte Wasserfall des Thüringer Waldes. Nun steigt *gelbes Viereck* auf einem Pfad steil hinauf zum *Rennsteig*. Dieser leitet links hinauf zur Wegverzweigung an der **Ebertswiese**, der Quellwiese der Spitter (siehe Wanderung 20), und weiter zur **Alten Ausspanne**, wo *gelbes Viereck* links hinab

Rast im Spittergrund unweit des Spitterfalls.

abzweigt. Man kann *gelbes Viereck* bis nach Tambach-Dietharz folgen; wir aber zweigen an der Spitalswiese rechts in den **Rechten Tammichgrund** ab und folgen dem Weg, zuerst im tief eingeschnittenen Felsental, bis zum Ortsrand, wo der **Lutherbrunnen** steht, aus dem der Reformator im Februar 1537 getrunken haben soll.

22 Dietharz – Falkenstein – Mardergrund

Erquickende Ganztageswanderung

Nach steilem Anstieg durchschreitet unser Weg das Steinerne Tor.

Talort Tambach-Dietharz: Siehe Wanderung 21.
Ausgangspunkt: Altes Rathaus/Postamt in Tambach-Dietharz (450 m), siehe Wanderung 21.

Weglänge: 24 km Rundwanderung. Wegen des Stausees ist keine abkürzende Variante möglich.
Anstiege: Knapp 700 Höhenmeter.
Gehzeit: 6 - 7 Stunden.

Höhepunkte dieser teilweise sehr aussichtsreichen Wanderung sind das Gebiet um den Falkenstein, den bedeutendsten Kletterfelsen des Thüringer Waldes, und abschließend der Mardergrund mit seinen phantastischen Felsformationen.
Zwischen **Altem Rathaus** und **Postamt** geht es durch die *Poststraße*, weiter durch die *Oberhofer Straße*, dann rechts über die Schmalwasser-Brücke in die *Talsperrenstraße*, hinten mit *gelb x* links die *Pfarrstraße* hinauf und oben rechts auf der *Kirchstraße* an der **Bergkirche** vorbei, die auf eine Gründung des angelsächsischen Missionars Bonifatius (um 725) zurückgehen soll. Gleich darauf erwartet ein stiller Waldweg, der über der **Gothaer Talsperre**

(= **Talsperre Tambach-Dietharz**) entlangzieht, der unter anderem von der Apfelstädt gespeisten ältesten Talsperre Thüringens (Staumauer von 1905). Wenn der Weg einen aussichtsreichen Rastplatz erreicht (Bänke), zweigt *gelb x* auf einen geländergesicherten Pfad ab und steigt in den **Mittelwassergrund** hinunter. Ruhig geht es in diesem schönen Wald- und Wiesenbachtal aufwärts zum **Mittelwasserteich** mit der **Köhlerhütte** (großer Rastplatz). Vor dem Teich zweigt *roter Strich* links ab und führt steil hinauf zum **Steinernen Tor**, einem Naturdenkmal, das bedauerlicherweise von angepflanzten Fichten fast völlig zugewachsen ist.

Roter Strich durchschreitet das Felstor, stößt gleich darauf auf einen grasigen Weg, folgt ihm rechts – teilweise aussichtsreich (Inselsbergblick) – zur Wegespinne *Am Großen Buchenberg* (668 m) und leitet dann in sachtem Abstieg mit »eindrucksvollem« Talsperren-Blick (dem Wasser entragen am Ufer noch einige Felsen) am **Altenfels**, der vorzeiten eine »Burg« gewesen sein soll, vorbei. An der nächsten Wegkreuzung gehen wir links hinab zum Stausee, überschreiten auf einer Stegbrücke den Zufluß und gehen in die **Röllchen-Schlucht** hinauf. Der Steig durch diese von Felswänden umragte Talkerbe, die sich bald zu einer Klamm verengt, ist recht unwegsam und kann bei Hochwasser unpassierbar sein. Oberhalb der Klamm treffen wir auf einen Weg, folgen ihm rechts hinab, überschreiten den Bach auf einer Brücke und halten bachaufwärts. Das von hohen Buchen und anderen Laubbäumen begleitete Wegstück bis hinauf zum Falkenstein ist äußerst schön. Rastmöglichkeiten bieten sich am **Falkensteinteich** und – Sonnenbadewiesen – bei der Bergwachthütte.

Von der Bergwachthütte geht es am Fuß des Falkensteins vorbei und im Talgrund aufwärts, anfangs sehr schön, später (an der Verzweigung links) in Fichtenforst, bis der Höhenweg erreicht ist. Hier ist das **Teufelsbad**, ein nasser Moorfleck in grasreichem, altem Fichtenwald. Nun folgen wir immer dem bequemen Höhenweg *Gräfenhainer Straße* (links), der derzeit noch keine Markierungen aufweist, aber nicht zu verfehlen ist. Er bietet, forstlich bedingt, teilweise sehr weite Aussicht. Nach etwa einer Stunde, kurz nachdem rechts Oberhof zu sehen war, erreicht der Höhenweg einen Rastplatz mit Buchen. Hier zweigt *roter Strich* links hinab ab. Gleich darauf zweigt *roter Strich* vom Wirtschaftsweg rechts auf ein Grasweglein ab (= alte Markierung!), umgeht einen Quellbereich, hält dann rasch abwärts, trifft auf einen Weg und folgt ihm sacht aufwärts. Von hier aus zeigt sich bei Sonnenuntergang der Hauptkamm in einzigartiger Schönheit mit dem Hochrücken des Inselsbergs als markantestem Blickfang. Vorsicht: Am Schild *Tambach-Dietharz 3,5 km* zweigt *roter Strich* links auf einen unscheinbaren Graspfad in den Steilhang ab, was in der Dämmerung leicht zu übersehen ist. Der Pfad trifft unten wieder auf einen Weg, und ihm folgen wir hinab in den phantastischen Mörder- oder **Mardergrund**. Am Ausgang dieses Tals zeigt sich rechts oben das Hollen-, Hüll- oder **Hühlloch**, eine große Halbhöhle.

Am Eingang zum Röllchen, einer bis zu klammartig schmal und steil eingeschnitte-nen Schlucht oberhalb des Schmalwasser-Stausees.

23 Rodebachtal – Steigerhaus

Kleine Wanderung durch das romantische Rodebachtal

Talort Georgenthal: Die Gemeinde (400 m, 2600 Ew.) liegt an der Apfelstädt am Südostfuß des Thüringer Waldes im Kreis Gotha. Benannt ist der Erholungsort nach dem 1143 gegründeten Zisterzienserkloster St. Georg, das im Bauernkrieg 1525 zerstört und 1552 säkularisiert wurde. Die gotische Basilika ist als Ruine erhalten. Im ehem. Kornhaus ist das Heimatmuseum untergebracht. An der Stelle der ehem. Elisabethkapelle des Klosters steht die evangelische Pfarrkirche St. Elisabeth. Das klösterliche Gästehaus wurde nach der Reformation in ein Schloß umgewandelt (heute Pflegeheim), dessen nordwestlicher Teil mit Resten der Klostermauer und dem Hexenturm (Gefängnis und Folterraum) abschließt.
Ausgangspunkt: Bushaltestelle und Parkplatz Rodebachsmühle (410 m) südwestlich von Georgenthal an der Straße nach Tambach-Dietharz; Buslinien Georgenthal – Tambach, Tambach – Tabarz und Gotha – Schmalkalden.
Weglänge: 8 km Rundwanderung.

Anstiege: 250 Höhenmeter.
Gehzeit: 3 Stunden.
Einkehr: Rodebachsmühle (0 km), Steigerhaus (4 km).

Das recht tief eingeschnittene, anfangs von Felsen begleitete Rodebachtal ist ein zauberhaftes Waldtal. In sachtem Anstieg zieht der Weg im **Rodebachtal** aufwärts. Vor allem rechts hinauf wächst ein schöner, grasreicher Fichtenhochwald: alter Forstsaatgutbestand. Zwischen den Fichten stehen beachtliche Felsen. Nach 10 Minuten zweigt links das Weglein – das später zum Pfad wird – zur Bärenhöhle ab. Steil windet sich der Pfad durch die felsendurchsetzte Bergflanke – ein Gebiet mit schönen Sonnenbadefelsen. In einem der Felsen öffnet sich die **Bärenhöhle** (Vorsicht Absturzgefahr!). Von der Höhle folgen wir dem Pfad aufwärts, in Fichtenforst, gehen schließlich oben am Grasweg kurz links zu einem Wegedreieck mit kleiner Wiese und Grenzstein von 1739 und hier rechts aufwärts zum **Totenstein**, der ein aussichtsreicher Rastfelsen wäre, aber völlig von Jungfichten zugewachsen ist. Später, kurz bevor der Kammweg den verfichteten **Totenkopf** überschreitet, bietet sich kahlschlagbedingt ein wenig Aussicht, dann zieht der Weg hinab zu einer Wegkreuzung: Hier geht es rechts, bald links haltend (nächste Verzweigung nicht rechts) und sacht abwärts zum Gasthaus **Steigerhaus**. Die Markierung *roter Punkt* leitet abwärts und durch das Rodebachtal zurück.

Bei der Bärenhöhle laden Felsen zum stillen Sonnenbad.

24 Burg Gleichen – Mühlburg – Wachsenburg

Über die sagenumwobenen Drei Gleichen

Talort Arnstadt: Die Stadt Arnstadt (285 m, 26 000 Ew.) ist der Verwaltungssitz des Ilmkreises und hat einen sehenswerten Altstadtkern; sie liegt am Rand des Thüringer Beckens, wo die Gera die nordöstl. Vorberge des Thüringer Waldes durchbricht.
Ausgangspunkt: Bushaltestelle Freudenthal (290 m) nordwestlich von Arnstadt an der Straße Richtung Wandersleben/Gotha in unmittelbarer Nähe der Autobahnausfahrt Wandersleben. Buslinien Erfurt – Mühlberg bzw. Arnstadt – Mühlberg – Gotha.
Weglänge: 9 km Streckenwanderung, Rückfahrt mit dem Bus; der letzte Bus fährt ca. um 17.00 Uhr. Die Wanderung läßt sich auch als Rundwanderung anlegen mit Rückwanderung durch das Torfmoor-Schutzgebiet.
Anstiege: 400 Höhenmeter.
Gehzeit: 3 Stunden
Einkehr: Freudenthal (0 km), Mühlberg (4 km), Wachsenburg (9 km).

Diese Streckenwanderung erschließt das einzigartige Ensemble der Drei Gleichen, dreier mittelalterlicher Burgruinen auf drei nahe beieinander liegenden, etwa gleich hohen, exponierten Bergkegeln nordwestlich von Arnstadt. Die Trias von Burg Gleichen, Mühlburg und Wachsenburg bildet eine landschaftsästhetisch so herausragende Einheit, daß das Gebiet im 20. Jh.

als Schutzgebiet ausgewiesen wurde. Mittlerweile führt eine sechsspurige Autobahn durch das drastisch verkleinerte Schutzgebiet, so daß die sonst sehr schöne Wanderung akustischen Störungen ausgesetzt ist.

Die Sage führt den Namen Drei Gleichen auf eine Mainacht des Jahres 1231 zurück: Damals soll ein Kugelblitz die drei Burgen in Brand gesetzt haben, und wie lodernde Fackeln leuchteten die Feuer gleichzeitig weithin über das Land. Burg Gleichen gehörte zu dieser Zeit dem Grafen Ernst von Gleichen; dieser brach 1228 zum Kreuzzug in das »heilige Land« auf und geriet in Gefangenschaft. In der Sklaverei lernte er Melechsala lieben, die Tochter eines Sultans, verbrachte mit ihr viele Jahre und floh schließlich mit ihr nach Rom, wo der Papst die schöne Heidin taufte und dem Grafen die Erlaubnis zur »Zweibeweibtheit« erteilte. Groß war die Freude bei der all die Jahre mit zwei Kindern zu Hause gebliebenen thüringischen Gemahlin des Grafen, als er 1249 mit Melechsala zurückkehrte. Der Platz, wo sich die beiden Gemahlinnen zuerst begegneten, wurde **Freudenthal** genannt und ist Ausgangspunkt unserer Wanderung. Das Grabdenkmal der drei steht im Erfurter Dom: Es stammt aus dem 13. Jh. und zeigt den Grafen von Gleichen (mit Wappenschild) zwischen zwei Frauen.

Vom Gasthaus Freudenthal führt ein Waldweg hinauf zur **Burg Gleichen** (355 m), einer Ringburg, die 1089 als »castrum glicho« erstmals erwähnt wird und 1162 an die Grafen von Gleichen-Tonna kam; die Umfassungsmauern mit Graben und Wall sind vollständig erhalten. Das Museum im aussichtsreichen Bergfried informiert über die wechselvolle Geschichte der Burg, die ab dem 18. Jh. verfiel und 1897 in Teilen wieder hergestellt wurde.

Von der aussichtsreichen Ruine führt ein Panoramaweg autobahnseitig hinab zu einem Parkplatz. Dann geht es unter der Autobahn hindurch in das auf Kalktuffen stehende Dorf **Mühlberg** (mit der **Karstquelle Spring**) und links hinauf zur **Mühlburg**, der westlichen und ältesten der Drei Gleichen, die erstmals im Jahr 704 erwähnt wird. Ihre Ruinen erheben sich auf einem Gelände, in dem bis in die Steinzeit datierte archäologische Funde gemacht wurden. In Gustav Freytags thüringischem Romanzyklus »Die Ahnen« ist die Mühlburg »Das Nest der Zaunkönige«.

Von der Ruine folgen wir dem Gustav-Freytag-Weg über die von Heidewald und seltenen Pflanzen geschmückte **Schloßleite** zur aussichtsreichen **Wachsenburg**. Sie wird um 950 erstmals erwähnt und ist die höchstgelegene und einzige weitgehend »erhaltene« der Drei Gleichen; vom 17. bis 19. Jh. fungierte sie als Gefängnis, um 1900 wurde sie erneuert und dient heute als Hotel. Durch den Südhang des Burgbergs mit seinen bizarren »Badlands« (der Begriff »Badlands« bezieht sich darauf, daß aufgrund jahrhundertelanger Beweidung die dünne Vegetationsdecke vom Hang abgetragen wurde, so daß nun die Keupermergelschichten bloßliegen) wandern wir hinab in das Dorf **Holzhausen**, folgen unten der Vorfahrtsstraße links und erreichen die Haltestelle, von wo aus der Bus nach Arnstadt zurückfährt.

25 Luisenthal – Ohratalsperre – Kulissenfelsen

Vom Naherholungs-See in der Ohra zu feinen Aussichtsfelsen

Talort Luisenthal: Die Gemeinde Luisenthal (490 m, 6200 Ew.) ist ein viel besuchter Ferienort im Ohratal im östlichen Thüringer Wald im Kreis Gotha. Sie entstand 1952 durch Vereinigung der Orte Schwarzwald, Luisenthal und Stutzhaus. Auf einer felsigen Bergnase oberhalb von Schwarzwald stehen mit bestechendem Blick auf die Ohratalsperre die Ruinen der Käfernburg (1290). Technisches Denkmal ist der Tobiasham-mer, ein originalgetreu restauriertes Hammerwerk von 1482.

Ausgangspunkt: Gebührenpflichtiger Großparkplatz bei der Ohratalsperre in Luisenthal-Schwarzwald (500 m) an der B 247 Ohrdruf – Oberhof.

Weglänge: 10 km Rundwanderung.

Anstiege: 250 Höhenmeter.

Gehzeit: 3 - 4 Stunden.

Einkehr: Luisenthal/Ohratalsperre (0 km).

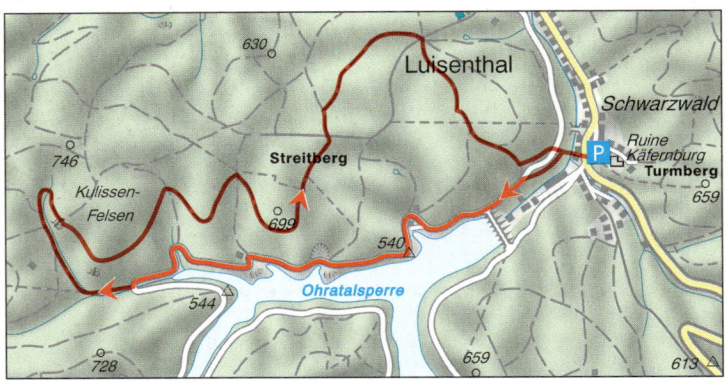

Die der Trinkwasserversorgung dienende Ohratalsperre ist ein viel besuchtes Familienausflugsziel, das gern mit dem Rad umrundet wird (Fahrradverleih) – oder mit Pferdekraft im Planwagen. Autos hingegen sind von den Ufern verbannt. Von diesem zwischen bewaldete Berghänge eingebetteten See führt unsere Wanderung hinauf zu den Kulissenfelsen, aussichtsreichen und recht einsam gebliebenen Felsen in der Stille der Wälder hoch über dem See.

An der Bachseite des Parkplatzes bei **Luisenthal** überschreiten wir auf einem Steg die Ohra, erreichen auf dem von Wegweisern so genannten *rechten Aufstieg* die **Ohratalsperre** und folgen auf einer bequemen Promenade autofrei dem Ufer. Mit der 1967 fertiggestellten Ohratalsperre wurde der jahrzehntelange Plan verwirklicht, die unter Wassermangel leidenden Siedlungen des Thüringer Beckens besser mit Trinkwasser versorgen zu können. Der bei Vollstau 88 Hektar große See, den eine 56 m hohe Mauer staut, dient

Abendlicher Blick von den Kulissenfelsen ins Dachsbächer Loch.

neben der Trinkwasserversorgung auch der Hochwasserregulierung. Baden ist verboten.

Wer mit dem Fahrrad unterwegs ist oder die Wanderung verlängern will, folgt der Uferpromenade links herum zur Vorsperre Silbergrund, an deren Ende man zum Triefsteinfelsen hinaufklettern kann.

Weiter geht es am Ufer entlang zur Vorsperre Kerngrund. In der nächsten fjordartig nach Westen ausgreifenden Bucht zweigen wir geradeaus in das **Dachsbächer Loch** ab und folgen einem bequemen, zuletzt steiler werdenden Waldweg aufwärts, bald rechts schwingend. Wo er nach der steilen Stelle rechts in den Hang kurvt (Markierung *grünes Dreieck)*, tauchen malerische Felsen auf. Vor den am weitesten südlich gelegenen, den Kulissenfelsen, laden Bänke und Tisch zur Rast. Die Kulissenfelsen gewähren einen schönen Tiefblick in das Dachsbächer Loch und zwischen Kiefern- und Fichtenzweigen zur Talsperre. Im Hang führt der Waldweg weiter, bald oberhalb des Stausees. Mehrfach zweigen steile Wege ab: Alle führen zur Talsperre zurück.

Variante: Von der Ohratalsperre führt ein Wanderweg durch den Silbergrund zum Wintersportplatz Oberhof (10 km); von dort kann man mit dem Bus zum Ausgangspunkt zurückkehren.

26 Oberschönau – Hohe Möst – Donnershauk

Zum aussichtsreichen Berg des »Donnerers«

Talort Oberschönau: Der Kurort Oberschönau (515 m, 970 Ew.) liegt im Kreis Schmalkalden-Meiningen auf der Südwestabdachung des Thüringer Waldes im Haseltal, der Fortsetzung des Kanzlersgrunds.

Ausgangspunkt: Bushaltestelle bei der bzw. Parkplatz hinter der Tourist Information (500 m) im Kurort Oberschönau.
Weglänge: 11 km Rundwanderung.
Anstiege: 450 Höhenmeter.
Gehzeit: 3 - 4 Stunden.

Diese Wanderung zum sagenumwobenen »Donars Haugk« bietet auf den Möststeinen und am Kachelofen einige der lieblichsten Tiefblicke auf ein besiedeltes Tal des Thüringer Waldes.

Von der Tourist Information in **Oberschönau** geht es 1 Minute an der Durchgangsstraße aufwärts, dann links Richtung *12 Apostel* und oben rechts in den Laubwald hinein, wo sich bald am Denkmal ein weiter Blick über das Tal hinweg auf den Großen Hermannsberg bietet. Am Denkmal zweigt die Markierung *gelber Strich* links auf einen Serpentinenpfad ab, zieht in stetem Anstieg zu den **12 Aposteln** (Felsen) hinauf (Tiefblick), wendet sich links, trifft in Waldschädengelände auf einen Weg, folgt ihm kurz aufwärts und wechselt dann links auf einen Pfad zum geländergesicherten **Vorderen Möststein** (867 m) mit hervorragendem Blick auf Oberschönau, auf die Felsmassive über dem Kienbach und auf den Kachelofen im Donnershauk-Hang. Gleich oberhalb erhebt sich das ebenfalls lotrecht abstürzende, geländergesicherte **Hohe Möst**-Massiv (889 m), auf dem Bänke und Tische zur Rast laden; links zeigt sich die Triade Hermannsberg – Ruppberg – Gebrannter Stein. Nun leitet ein Weg in schönem Fichtenwald zur **Karinhütte** (Schutzhütte) und weiter zum Rennsteig, der am **Gustav-Freytag-Stein** (siehe Wanderung 45) erreicht wird. Wir folgen dem Rennsteig kurz Richtung *Donnershauk* und biegen dann links auf den Weg ab, der auf die rundliche Kuppe des **Donnershauk** (893 m) führt. Auf diesem Hauk (Hügel) läßt Gustav Freytag in seinem thüringischen Romanzyklus »Die Ahnen« den »Altar des Donnerers« stehen. Vom Gipfel steigen wir kurz auf demselben Weg ab, gehen aber geradeaus und treffen auf einen Felsblock, der – wie ein Schild des Weimarer Ur- und Frühgeschichtsmuseums erklärt – ein **Mühlensteinrohling** ist.

Vom »Rohling« gehen wir hinab zum Hangweg und folgen diesem rechts zum **Kachelofen**, wo sich ein traumhafter Tiefblick auf das Dorf Oberschönau bietet. Wir folgen dem stillen Hangweg (nächste Verzweigung: geradeaus), bis links der Grasweg Katzenstein/Kühnbachtal abzweigt und rasch ins **Kühnbachtal** führt. Im Tal geht es hinab nach Oberschönau.

Der sogenannte Mühlensteinrohling am Donnershauk weist zwei bohrlochartige Vertiefungen auf und ist unten gerundet.

27 Mehlis – Gebrannter Stein – Ruppberg

Zu Aussichtsfelsen hoch über dem Kanzlersgrund

Talort Zella-Mehlis: Die Stadt Zella-Mehlis (550 m, 12 900 Ew.) ist Fremdenverkehrs-, Wintersport- und Industriezentrum am Südwestfuß der höchsten Berge des Thüringer Waldes im Kreis Schmalkalden-Meiningen.
Ausgangspunkt: Markt Mehlis (450 m) im Altstadtkern am Heimatmuseum.
Weglänge: 13 km Rundwanderung.
Anstiege: 600 Höhenmeter.
Gehzeit: 4 - 5 Stunden.
Einkehr: Mehlis (0 km), Veilchenbrunnen (5 km), Ruppberg (9 km).

Oberhalb von Zella-Mehlis locken die sagenumwobenen Vulkangesteinsgipfel von Gebranntem Stein und Ruppberg mit hervorragender Rundschau. Vom **Markt Mehlis** geht es die von Fachwerkhäusern gesäumte Louis-Anschütz-Straße aufwärts, oben geradeaus (Schönauer Straße) und nun immer die Vorfahrtsstraße aufwärts (nicht zum Schwimmbad), bis nach 20 Minuten an der Haltestelle *Alte Straße/Sportplatz* (bis hier kann man ab Markt mit dem Bus fahren) der Weg links Richtung *Veilchenbrunnen* abzweigt, durch aussichtsreiche Wintersportwiesen zieht und dann endgültig in den von Wieseninseln (Dammwiese) durchbrochenen Laubwald taucht. Schließlich erreicht der grasige Waldweg die Ausflugsgaststätte **Veilchenbrunnen** unweit der gleichnamigen Quelle. Hier geht es links aufwärts zum *Rennsteig-Dolmar-*

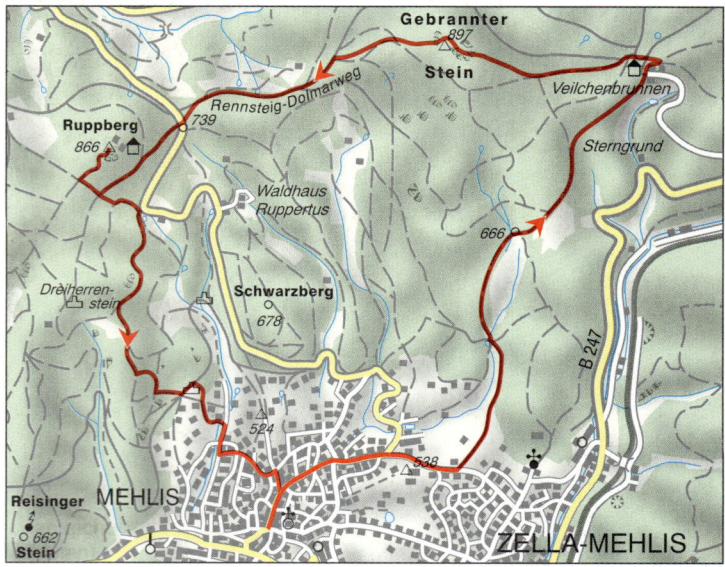

Blick vom Gebrannten Stein auf die Schanze im Kanzlersgrund.

Weg und auf diesem links, bis der Pfad zum **Gebrannten Stein** (896 m) abzweigt. Nun folgen wir dem Pfad abwärts, stoßen wieder auf den *Rennsteig-Dolmar-Weg*, queren im Sattel am Fuß des Ruppbergs die Straße Mehlis – Kanzlersgrund und erklimmen den **Ruppberg** (hier Bergbaude), dessen mächtiger Gipfelfelsen erneut eine fabelhafte Aussicht gewährt. Der Abstieg berührt an der Pfarrwiese noch einmal die Straße, dann geht es via **Lipsestein** und **Turnvater-Jahn-Denkmal** nach Mehlis zurück.

28 Gräfenroda – Lütsche – Ausgebrannter Stein

Abwechslungsreiche kleine Bergwanderung

Diese Wanderung führt durch prachtvolle Laubwälder zum Lütschestausee, wo Badefreuden locken, leitet dann über Aussichtsfelsberge und kehrt längs des Alten Flößgrabens, eines fast 300 Jahre alten Holztriftkanals, zurück.

Talort Gräfenroda: Die Gemeinde Gräfenroda (420 m, 3 800 Ew.) ist ein Erholungsort im Tal der Wilden Gera am Nordostfuß des Thüringer Waldes im Ilm-Kreis.

Ausgangspunkt: Gasthaus Forsthaus (420 m) in Gräfenroda an der Straße Richtung Gehlberg/Schmücke. Auch am Lüt-schestausee beginnen attraktive Wanderwege.

Weglänge: 23 km Rundwanderung.

Anstiege: 600 Höhenmeter.

Gehzeit: 6 Stunden.

Einkehr: Gräfenroda (0 km), Lütschestausee (3 und 20 km), Lütschetal (220 km).

Die Lütschetalsperre ist ein schöner Platz zum Rasten.

Vom Gasthaus Forsthaus in **Gräfenroda** geht es wenige Meter an der Straße aufwärts und sofort rechts ab auf den Weg Richtung *Lütschestausee* im Hang des **Waldsberges**. Den Waldsberg hat der Forstmeister Winter Anfang des 19. Jahrhunderts mit einem wunderschönen Mischwald bepflanzt; unter seinen Bäumen liegt er nun begraben (»Förstergrab«). Nun geht es hinab in den Talgrund mit der **Dorfwüstung Lütsche**; die Lütschener wurden ab 1859 von Herzog Ernst II. von Sachsen-Gotha zwangsausgesiedelt, weil sie ihm in seinem Jagdrevier lästig waren. Im romantischen Lütschegrund geht es aufwärts zum **Lütschestausee** (1935-37), am diesseitigen Wiesenufer entlang (am jenseitigen Straßenufer gibt es eine Gaststätte), an Bad, Campingplatz und Bootsverleih vorbei, ehe nach Überschreiten des Zuflusses der Weg Richtung *Schloßbergkanzel* abgeht. Er führt im **Langen Grund** aufwärts zum **Soldatenbrunnen**, dort geht es links hinauf (an der nächsten Verzweigung links) zur **Schloßbergkanzel** (ca. 720 m), wo neben der Bergwachthütte überdachte Bänke und Tische zur Rast laden. Von der Schloßbergkanzel geht es hinab (!), anfangs mit Schneekopf-Blick, dann auf einem Waldpfad, schließlich links bis zum Campingplatz, dort rechts und nun aufwärts im **Obersten Wiesengrund**, bis der Abstecher zu den aussichtsreichen **Löffelbühlfelsen** ausgeschildert ist. Weiter geht es in den Sieglitzgrund mit dem oft von Wildenten besuchten **Sieglitzteich** und schließlich via **Hoher Stein** zum **Ausgebrannten Stein** und dem Technischen Denkmal **Alter Flößgraben**. Dieser 23 km lange Holztriftgraben (er führt vom Kehltalsteich bis Luisenthal) wurde 1609-1702 im Auftrag des Herzogs von Sachsen-Gotha erbaut; er weist die Route zurück zum Lütschestausee. Vom See kehren wir zurück in den Lütschegrund.

29 Gehlberg – Schneekopf

Naturschöne Pirsch zum zweithöchsten Berg des Thüringer Waldes

Talort Gehlberg: Erholungs- und Wintersportort (700 m, 800 Ew.) im Nordhang des Thüringer Waldes im Ilm-Kreis. Die Gemeinde entstand aus einer Glashütte (1641) im Hang des Gehlen (Gelben Bergs), der diesen Namen nach den reichen Vorkommen des Heil- und Wunderkrauts Arnika trägt.

Ausgangspunkt: Bahnhof Gehlberg (590 m) an der Eisenbahnlinie Meiningen – Erfurt. Der Bahnhof liegt einsam etwas außerhalb von Gehlberg am Ende einer Stichstraße, die von der Straße Schmücke – Gräfenroda abzweigt; Endstation der Buslinie Gehlberg – Bahnhof Gehlberg.

Weglänge: 12 km Rundwanderung.

Anstiege: 450 Höhenmeter.

Gehzeit: 4 Stunden.

Einkehr: Schmücke (Abstecher, 7 km).

Durch den romantischen Schneetiegel, einen der am tiefsten und steilsten eingeschnittenen Talgründe des Thüringer Waldes, und durch die Hölle mit der aussichtsreichen Teufelskanzel leitet diese Wanderung zum von Mooren umgebenen Schneekopf, einem der aussichtsreichsten Berge des Waldgebirges. Die Felsen in diesem Gebiet sind berühmt wegen der *Schneekopfkugeln:* In blasenartigen Hohlräumen des Vulkangesteins (Porphyr) sind Bergkristalle, Achate, Amethyste und andere Mineralien eingeschlossen. Derzeit gibt es Pläne, den Schneekopf zum höchsten Gipfel des Thüringer Waldes aufzustocken; dazu soll der Aushub der ICE-Untertunnelung verwendet werden. Der Schneeberg soll dann eine Höhe von 1000 m erreichen.

Vom **Bahnhof Gehlberg** geht es 3 Minuten das Stichsträßchen abwärts und bei den Häusern rechts: Der Weg führt unter der Eisenbahnbrücke hindurch und taucht sofort in den **Schneetiegel.** Der sich durch die Wiesen schlängelnde, dann über Blockwerk tanzende, vielfach von Laubbäumen begleitete Bach gibt die Route vor. Am unteren Ende einer Skipistenwiese (Schutzhütte) verwildert der Weg, überschreitet wenig später den Bach auf einem Holzsteg (2. Steg!), dann umfängt das Rauschen mehrerer Seitenbäche, gleich darauf wird das Hauptbachbett auf einem Baumstammsteg überschritten, und an der wenige Meter später erreichten Verzweigung (grasig) geht es rechts in sanftem Bogen aufwärts in den Hang. Wenn der Hangweg die munter den Weg wegspülenden Seitenbäche überschritten hat, weitet er sich zum Wirtschaftsweg und erreicht kurz hinter der Skipistenwiese eine Kreuzung: Hier gehen wir auf dem grasigen Weg links hinauf und entdecken bald einen Rastfelsen mit schönem Blick auf den Schneetiegel und das Tal der Wilden Gera. Der sacht ansteigende Weg quert die Skipistenwiese, zieht im Wald zum **Venezianerbrunnen** hinauf und mündet auf einen Wirtschaftsweg: Auf ihm geht es wenige Minuten im Hang rechts, bis ein Graspfad links hinauf in die **Hölle** abzweigt. Die Hölle ist eine steile, von Felsen flankierte Wiesenkerbe oberhalb des Venezianerbrunnens. Auf Höhe der *Schutzhütte Hölle* zweigt links der Pfad zur geländergesicherten **Teufelskanzel** ab: Über den Schneetiegel und das Tal der Wilden Gera sowie über den von Tälern tief zerschnittenen Nordost-Abfall des Thüringer Waldes hinweg schweift der Blick weit in das Vorland hinaus. Von der Teufelskanzel gehen wir kurz zurück und wandern durch die Hölle zum **Schneekopf**. Nach Queren der Zufahrtsstraße (nicht öffentlich) zeigt sich halbrechts die Raststelle am **Jägerstein**. Die Inschrift spricht von der Erschießung des Försters Grahner durch dessen »Schwestersohn« Greiner im Jahr 1690, eine mysteriöse Angelegenheit: Greiner, damals der beste Schütze des Thüringer Waldes, hatte eine gläserne, Zauberkräfte abwehrende Kugel auf einen Hirsch abgefeuert, aber als er hinzulief, lag kein Hirsch am Boden, sondern der Förster, der sich aus Ärger über die Schießkünste Greiners mit bösen Mächten in Verbindung gesetzt hatte. Im Kirchenbuch von Gräfenroda steht, der neidische Förster sei erschossen worden »in Verblendung einer Hirschgestalt«.

Vom Jägerstein geht es hinüber zur asphaltierten Schneekopfzufahrt und auf dieser weiter, bis links ein Wirtschaftsweg abzweigt und in Straßennähe an den **Teufelskreisen** mit dem **Teufelsbad**, einem Moorkolk, vorbeizieht. Im Teufelsbad versinken Menschen und auch Pferde, Holz, das jemand hineingeworfen hatte, kam in Arnstadt wieder zum Vorschein, und hineingeschüttetes Blut floß wenig später aus dem Mäbendorfer Felsbrunnen im Haseltal. Die Teufelskreise sind als Totalreservat ausgewiesen und dürfen nicht betreten werden, doch Jäger unterhalten Hochsitze im »Totalreservat«. Der zu den jagdlichen Einrichtungen weiterführende Wirtschaftsweg, der gegenüber der Wetterwarte Schmücke unweit der Suhler Hütte links abzweigt, ist für Wanderer durch eine Maschendrahtsicherung gesperrt, also müssen wir offiziell den halblinks führenden Weg nehmen, ausgeschildert *Gehlberg*. Er zieht durch den Wald hinab zum Wanderparkplatz **Güldene Brücke**. Hier wenden wir uns links Richtung *Bahnhof Gehlberg*, vorbei an der verschlossenen **Meininger Hütte** und an der nächsten Verzweigung rechts auf dem bekannten Weg via Venezianerbrunnen. An der Verzweigung nach Passieren der Skipistenwiese geht es immer geradeaus und kurz vor der Straße auf grasigem Waldweg links zurück zum Bahnhof.

30 Elgersburger Felspartie – Hohe Warte

Von Goethes Totenstein-Konglomerat zum Panorama-Turm auf der Warte

Talort Elgersburg: Die Gemeinde Elgersburg ist ein Kurort am Nordostrand des Thüringer Waldes im Ilm-Kreis. Der Ort wird überragt von der auf einem Bergsporn thronenden gleichnamigen Burg, die zu den ältesten Thüringens zählt. Sie wurde im 11. Jh. zum Schutz des von Franken und in das Thüringer Becken führenden Gebirgsübergangs errichtet und später in ein Schloß umgewandelt. Das von Goethe und anderen Prominenten wegen seiner landschaftlich reizvollen Lage gepriesene Dorf avancierte nach Gründung einer Dampfbadeanstalt (1828) und der ersten deutschen Kaltwasserheilanstalt (1837) zum international bekannten Kurort (Zusatz »Bad« im Ortsnamen von 1837 – 1950er Jahre).

Ausgangspunkt: Bahnhof Elgersburg (480 m) an der Linie Ilmenau – Erfurt an der B 88. Am Bahnhof auch Bushaltestelle der Linien Ilmenau – Arnstadt – Erfurt und Ilmenau – Gräfenroda.

Weglänge: 10 km Rundwanderung.

Anstiege: 350 Höhenmeter.

Gehzeit: 3 - 4 Stunden.

Einkehr: Hohe Warte (3 km), Mönchhof (6 km).

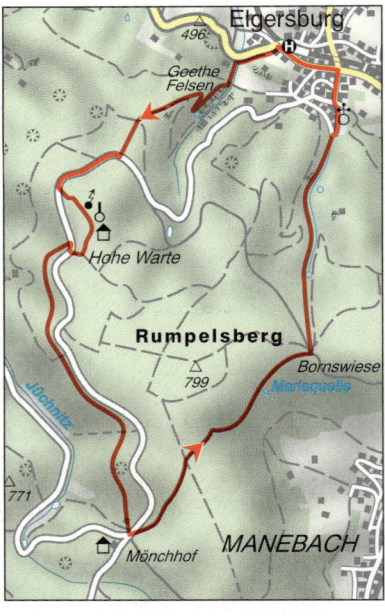

Nach der »Felspartie« im Elgersburger Totenstein-Konglomerat erwarten uns auf der Hohen Warte die Ausflugsgaststätte und der steinerne Aussichtsturm mit prachtvoller Rundschau auf das Vorland und zum Hauptkamm des Thüringer Waldes. Von hier ist es möglich, direkt nach Elgersburg zurückkehren, doch wir wandern noch ein Stück weiter zum Mönchhof, wo ein idyllisch gelegenes Waldgasthaus zur Rast lädt.

Aus dem **Bahnhof Elgersburg** tretend, geht es rechts an der Bushaltestelle vorbei und nach Ortsende 3 gefährliche Minuten an der B 88 entlang, bis der Weg links ins **Körnbachtal** abzweigt. Hier empfängt uns, 7 Minuten ab Bahnhof, eine ganz eigenartige Felsenwelt. Die Mühlsteine zwischen der *Jenny-Quelle* und dem Goethe-Felsen sind die Reste jener Mühle, die Goethe im Jahr seines Todes aufsuchte. Der Pfad *Felspartie* zweigt rechts ab, wir steigen auf den **Goethe-Felsen** und wandern dann im Steilhang unter den mächtigen Konglomeratfelsen dahin. Wenn sich der Pfad zuletzt wieder in den Talgrund senken will, geht es in Serpentinen rechts hinauf (es ist möglich und interessant, oberhalb der Felsen zum Goethe-Felsen zurückzukehren!) und, der Beschilderung *Hohe Warte* folgend, stetig aufwärts in Forst, auf der Asphaltstraße rechts, am **Salzmannplatz** (Raststelle) links und zur **Hohen Warte** hinauf. Die 50 Pfennig Eintritt, die für die Begehung des Aussichtsturms erhoben werden, wird angesichts des prachtvollen Panoramas niemand bereuen. Aus dem Turm tretend, gehen wir geradeaus zu einem Weg hinab und folgen diesem rechts Richtung *Mönchhof*; der Weg mündet wenig später auf die Asphaltstraße. An der Asphaltstraße wenden wir uns rechts, biegen in der Kurve links auf den Pfad Richtung *Schullandheim* ab und stoßen gleich darauf auf einen Hangweg, der im Wald (links) zum **Mönchhof** zieht. Ein verwitterter Stein mit Heiligenschein-Figur erinnert an den Mönch, der sich »aus Liebes Schuld« mit einem Stein belud und schließlich tot unter dieser Last zusammenbrach. Das verwitterte Relief auf dem Stein (12. Jh.) zeigt den Mönch mit Heiligenschein. Vom Mönchhof geht es via **Emmafelsen** und **Mariaquelle** (Aussicht, Rasthütte) zur Wegverzweigung an der **Bornswiese** und dann durch das **Steigertal** nach Elgersburg zurück.

Auf dem Goethe-Felsen im Totenstein-Konglomerat. Goethe hat an und auf vielen Felsen des Thüringer Waldes gedichtet.

31 Ilmenau – Kickelhahn – Stützerbach

Große Streckenwanderung auf Goethes Spuren

Talort Ilmenau: Die Universitätsstadt Ilmenau (540 m, 28 000 Ew.) liegt im Ilm-Kreis am Austritt der Ilmenau aus dem nordöstlichen Thüringer Wald; mit schönem Altstadtkern und traditionsreicher Glas- und Porzellanindustrie.

Ausgangspunkt: Amtshaus Ilmenau (Goethe-Gedenkstätte und Museum) am Markt in der Altstadt von Ilmenau (oberhalb der Kirche). Der Markt ist von den Bahnhöfen Ilmenau und Ilmenau-Bad aus in etwa 15 Minuten zu erreichen.

Weglänge: 18 km Streckenwanderung; Rückkehr mit dem Zug; die letzten Züge von Stützerbach nach Ilmenau fahren derzeit um 17.06, 18.21 und 20.47 Uhr.

Anstiege: 700 Höhenmeter.

Gehzeit: 6 Stunden.

Einkehr: Ilmenau (0 km), Schöffenhaus (4 km), Manebach (7 km), Kickelhahn (10 km), Gabelbach (11 km), Auerhahn (16 km), Stützerbach (18 km).

Der mit einem *g* markierte *Goethe-Wanderweg* ist einer der abwechslungsreichsten und aussichtsreichsten Wanderwege des Thüringer Waldes. Er berührt eine derartige Vielzahl interessanter Punkte (darunter auch Museen), daß es besser ist, die Wanderung zunächst einmal in Etappen bzw. in kilometermäßig kurze Abschnitte zu zerlegen. Eine empfehlenswerte Anfangstour ist der Aufstieg von Manebach zum Kickelhahn mit anschließendem Abstieg nach Ilmenau, von dort Rückkehr via Schwalbenstein. Eine empfehlenswerte kurze Tour ist auch der Abstieg vom Auerhahn ins kaskadendurchbrauste Finstere Loch.

Von der Goethe-Gedenkstätte im Amtshaus am Markt in Ilmenau leitet der *Goethe-Wanderweg* durch die *Obertorstraße*, zum Grab von Corona Schröter (1779 erste Darstellerin von Goethes Iphigenie) und schließlich zum aussichtsreichen **Schwalbenstein**. Wenig später ist die Ausflugsgaststätte **Schöffenhaus** erreicht, dann leitet der Weg via **Marienwiese** und **Marienquelle** (Schutzhütte) zum Naturdenkmal **Emmafelsen**, wo der Abstieg nach **Manebach** im Ilmtal beginnt. Von dort geht es hinauf zur aussichtsreichen **Helenenhöhe**, zum Felsmassiv **Großer Hermannstein** mit **Höhle**, dann aussichtsreich hinauf zum 1874 nach einem Brand neuerrichteten **Goethehäuschen**, in dem Goethe 1780 »Wanderers Nachtlied« dichtete. Oberhalb finden sich auf dem Gipfel des isoliert aufragenden **Kickelhahn** der steinerne Aussichtsturm und die Gaststätte. Vom Goethehäuschen zieht der *Goethe-Wanderweg* hinab zum **Jagdhaus Gabelbach** (Goethe-Gedenkstätte/Museum), leitet zur **Hirtenwiese**, quert die Straße und steigt hinab ins **Schortetal** mit dem **Knöpfelstaler Teich** am **Finsteren Loch**, Schauplatz des Nachtlagers »am Fuß der Felsenwand« in Goethes Gedicht »Ilmenau«. Von hier erfolgt der Aufstieg zur Gaststätte **Auerhahn**, dann geht es über den **Schloßberg** hinab nach Stützerbach (Talort von Wanderung 32), wo der *Goethe-Wanderweg* am **Goethehaus** (Museum) endet. Von hier sind es wenige Minuten zum Bahnhof.

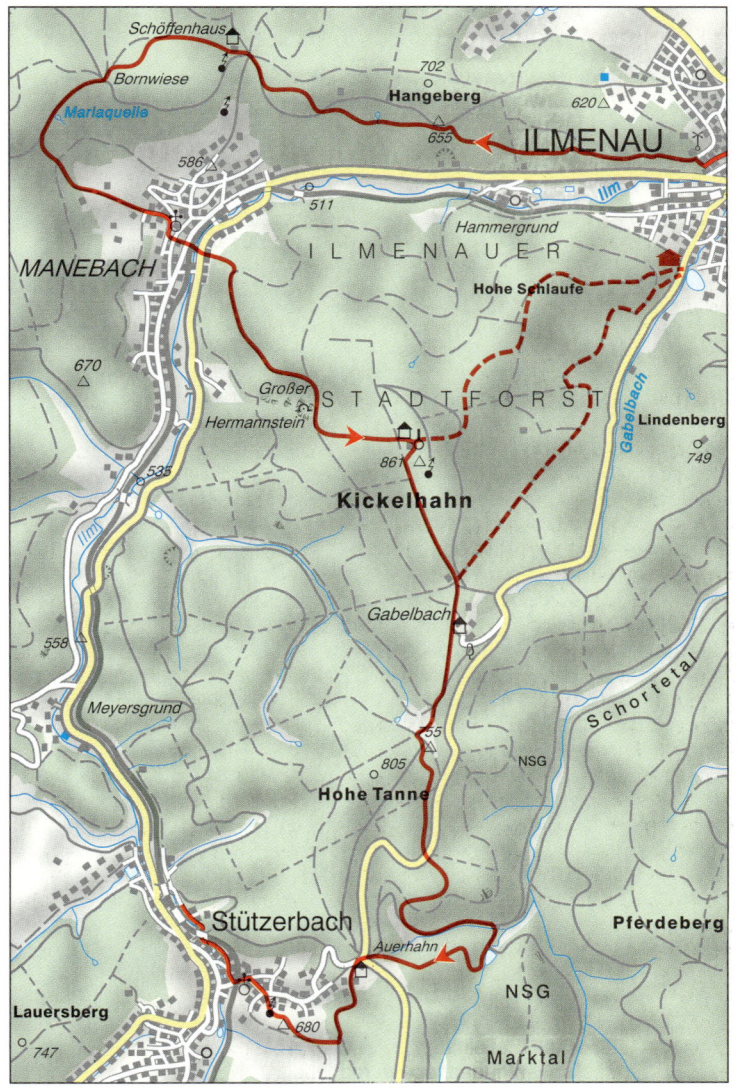

32 Stützerbach – Ilmbrunnen – Gr. Finsterberg

Auf den aussichtsreichen Quellberg der Ilm

Talort Stützerbach: Die Gemeinde (650 m, 1700 Ew.) ist ein Kurort und Kneippbad im Lengwitztal, einem Quelltal der Ilm auf dem Nordosthang des Thüringer Waldes im Ilm-Kreis. Goethe-Gedenkstätte im Goethehaus (siehe Wanderung 31). Die traditionelle Glasindustrie (Gründung der Hütte 1648) ist mit Namen wie Röntgen (Röntgenröhren) und Schott (Schmelzversuche) sowie mit den ersten Thermometern (im Lampenglasblasverfahren) und Glühfadenlampen verbunden. Stützerbach ist Beispiel für die früher oft eigenartigen Grenzverläufe im Thüringer Wald: 1660 wurde der Ort längs der Lengwitz geteilt. Beide Ortsteile, der weimarische und der preußische, hatten Kirche, Schule und Gemeindeverwaltung.

Ausgangspunkt: Bahnhof Stützerbach (580 m) an der Bahnlinie Erfurt – Themar /Großbreitenbach an der B 4. Parkplätze.

Weglänge: 16 km Rundwanderung.

Anstiege: 400 Höhenmeter.

Gehzeit: 5 Stunden.

Einkehr: Stützerbach (0 km).

Diese stille Wald- und Panoramawanderung führt auf den Großen Finsterberg, in dessen Sonnenhang die Ilm entspringt. Aus dem Bahnhof **Stützerbach** tretend, gehen wir kurz rechts (talabwärts), queren unten die B 4 und biegen in die Straße Richtung *Waldbad* ein. Vor dem Schwimmbad zweigt links der stille Weg durch das Landschaftsschutzgebiet **Taubachgrund** ab und führt in stetem Anstieg, teilweise sehr aussichtsreich, zum **Ilmbrunnen** hinauf. Hier gehen wir links, den Hang querend, und wenden uns bei nächster Gelegenheit rechts, im Hang aufsteigend bis zu einem Wirtschaftsweg. Hier zweigt geradeaus der Weg auf den **Großen Finsterberg** ab. Das von

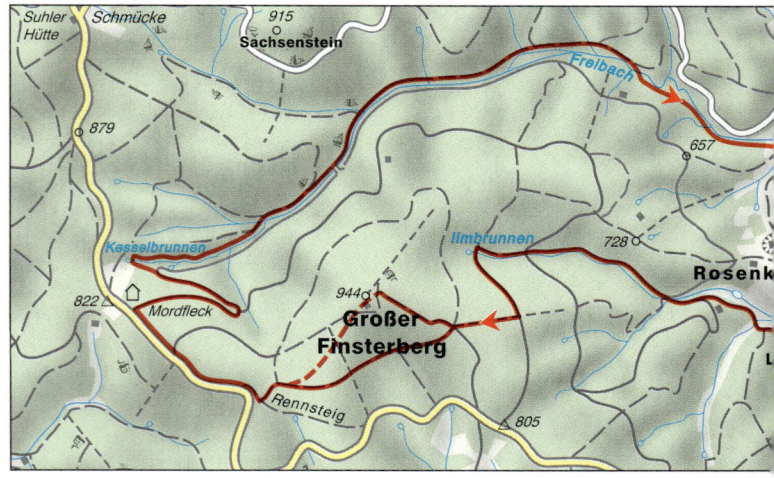

Blick vom Finsterberg auf Schmücke (links) und Schneeberg (Ex-Militärgelände).

kleinen Aussichtsfelsen umkränzte Gipfelplateau bietet einen hübschen Blick zum Schneekopf, nach Schmücke und weit ins Vorland hinein. Vom Gipfel

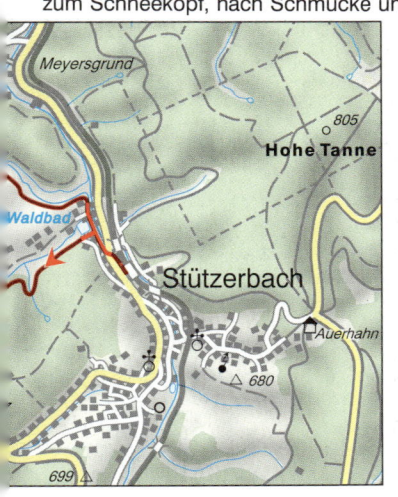

steigen wir auf demselben Weg zum Wirtschaftsweg im Hang ab, folgen ihm rechts zum Rennsteig und »rennen« zum **Mordfleck** (Verballhornung eines keltischen Wortes, eigentlich: Bergfleck). Dort zweigt ein Wirtschaftsweg rechts ab, hält an der **Blausteinkehle**, benannt nach dem gleichnamigen, von Leuchtmoosen geschmückten Felsen, links, macht am **Kesselbrunnen** eine Rechtskehre und leitet durch den **Freibachsgrund** nach Stützerbach zurück. Auch im Freibachsgrund finden sich Goethe-Spuren, diesmal in Form nicht mehr vorhandener Goethe-Teiche (Reste). Zuletzt erwartet uns das erfrischende **Waldschwimmbad** in Stützerbach.

33 Breitenbach – Vessertal – Adlersberg

Durch das Biosphärenreservat Vessertal zum Lugaus auf dem Adlersberg

Talort Suhl: Die kreisfreie Stadt Suhl (450 m, 51 000 Ew.) ist das wirtschaftliche und kulturelle Zentrum Südthüringens. Sie liegt in einer von hohen Porphyrgipfeln umragten und von der Lauter durchflossenen Granitmulde auf dem Südwesthang der höchsten Partie des Thüringer Waldes.
Ausgangspunkt: Breitenbach-Oberdorf (410 m) auf dem Gebiet der Gemeinde St. Kilian südöstlich von Suhl. Buslinie Suhl – Breitenbach. In der Nähe befinden sich auch Parkplätze.
Weglänge: 16 km Rundwanderung.
Anstiege: 450 Höhenmeter.
Gehzeit: 5 - 6 Stunden.
Einkehr: Breitenbach (0 km), Vesser (7 km), Stutenhaus (9 km, Abstecher), Adlersberg (9 km).

Diese abwechslungsreiche Wanderung führt durch das 1979 von der UNESCO als Biosphärenreservat unter Schutz gestellte Vessertal zum Aussichtsturm auf dem Adlersberg, einem der bekanntesten Ausflugsberge des südlichen Thüringer Waldes. Das Vessertal mit seinen Laubwäldern, Wiesen und Bächen und seinem Pflanzen- und Tierreichtum ist eines der bedeutendsten Naturschutzgebiete Thüringens. Von seinen 16 600 ha entfallen 14 960 ha auf Wälder, 34 ha auf Moore und 1530 ha auf Berggrünland. Die Verwaltung des Biosphärenreservats hat ihren Sitz in Schmiedefeld am Rennsteig, Waldstraße 1. Sie veranstaltet auch Gruppenführungen.

Vom Oberdorf des kleinen Orts **Breitenbach** am Austritt der Vesser aus dem Reservat folgen wir kurz der Straße aufwärts zum Forsthaus Sensenhammer, wo das Naturschutzgebiet **Vessertal** beginnt. Zwischen Goldhaferwiesen und Hochstaudenfluren, in Laubmischwälder mit Buchen, Ahornbäumen, Ulmen und Eschen leitet der bequeme Weg aufwärts. Heimisch im Vessertal sind Vögel wie Habicht, Schwarzspecht, Gebirgsstelze, Gimpel und Stieglitz, aber auch das Birkhuhn und der Tannenhäher kommen vor, und auch den Bergmolch und den Feuersalamander können wir hier zu Gesicht bekommen. Nach und nach rücken die Berge zusammen, zuletzt wird der Auslauf einer **Sprungschanze** unterquert, dann erreichen wir den Erholungsort Suhl-**Vesser**, den mit 220 Einwohnern kleinsten Ortsteil von Suhl. Die barocke Dorfkirche wurde 1710/11 errichtet. Von Vesser folgen wir einem schmalen Fahrweg hinauf Richtung »Stutenhaus«; das **Stutenhaus** ist ein Berghotel in exzellenter Aussichtslage (Abstecher: auch vom Stutenhaus ist der Adlersberg auf ausgeschildertem Weg erreichbar). Wir zweigen schon vor Erreichen des Stutenhauses in der ersten Serpentine auf den autofreien *Jägerstieg* ab und erklimmen im Wald den **Adlersberg** mit Rundblick vom steinernen Aussichtsturm. Vom Adlersberg folgen wir der Markierung *grüner Strich* durch die Wälder bergabwärts an der **Stutenhausquelle** vorbei in den **Plaudergrund**. Unten an der Schutzhüttenverzweigung im Roßbachtal übernimmt die Markierung *gelber Strich* die Routenführung und leitet nach Breitenbach zurück.

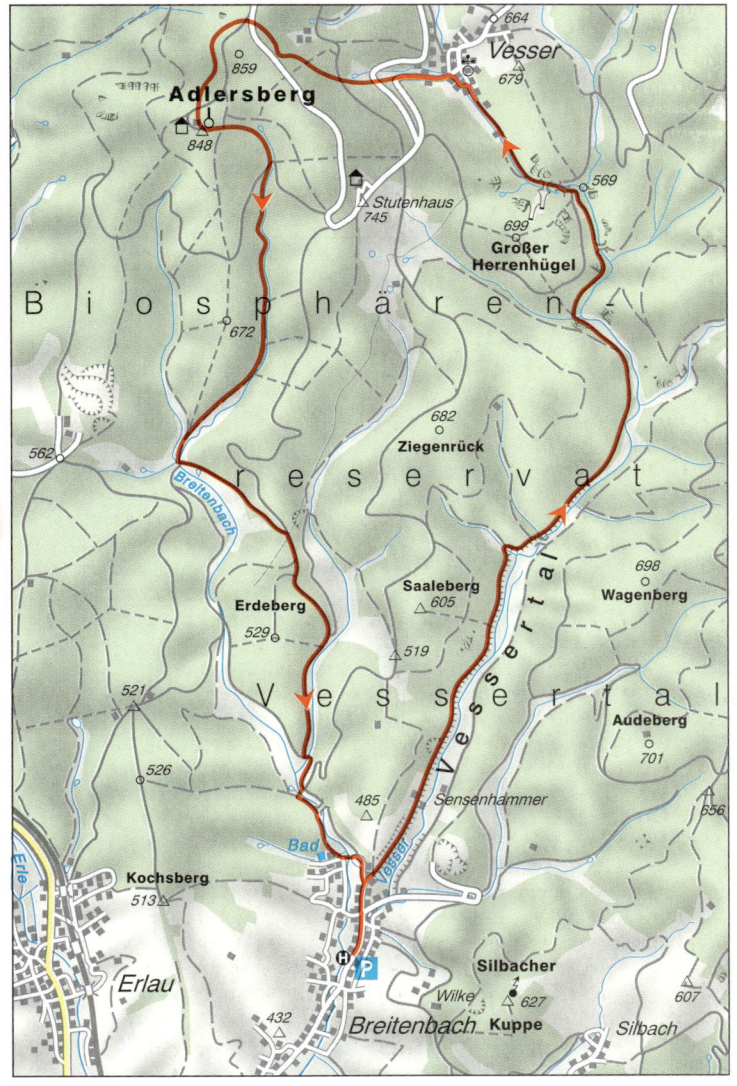

564

Vesser

859

Adlersberg

848

Stutenhaus
745

569

699

**Großer
Herrenhügel**

B i o s p h ä r e n

672

562

Breitenbach

r e s e r v a t

682

Ziegenrück

698

Wagenberg

Saaleberg
605

Erdeberg

529

519

V e s s e r t a l

521

V e s s e r t a l

Audeberg

701

526

485

Sensenhämmer

656

Bad

Vessel

Erle

Kochsberg

513

Silbacher

Wilke
627

Silbach

H

P

Erlau

432

Breitenbach **Kuppe**

607

34 Schönbrunner Talsperre – Tannengrund

Durch den stillen Tannengrund ins Naturschutzgebiet der Gabeltäler

Talort Schleusegrund: Die Gemeinde Schleusegrund (450 m, 3600 Ew.) liegt im Tal der Schleuse im Übergangsbereich von Thüringer Wald und Thüringer Schiefergebirge im Kreis Hildburghausen.
Ausgangspunkt: Bushaltestelle (420 m)

und Parkmöglichkeiten an der zur Talsperre Schönbrunn führenden Stichstraße.
Weglänge: 21 km Rundwanderung.
Anstiege: 400 Höhenmeter.
Gehzeit: 5 - 6 Stunden.
Einkehr: Schönbrunn (0 km).

Die 16 km lange Promenade rund um das Trinkwasserreservoir Talsperre Schönbrunn ist dank der Ruhe abseits der Straßen und der Stille der umgebenden Wälder zum Wandern ebenso wie für eine Radtour zu empfehlen. Der Wandervorschlag variiert die Promenade durch den Aufstieg zum rennsteignahen Burgberg und durch die Wanderung durch die oberen Gabeltäler, die unter Naturschutz stehen.

Von der Bushaltestelle im **Schleusetal** geht es halb rechts hinauf auf dem für den öffentlichen Verkehr gesperrten, asphaltierten *Wander- und Radweg*, der bald die **Talsperre Schönbrunn** erreicht und der der Uferpromenade des Trinkwasserstausees rechts folgt. Die 66 m hohe Talsperre mit dem markanten Wasserturm wurde Anfang der 70er Jahre errichtet. Der Damm staut 23 Mio. m^3 Wasser der am Kamm des Thüringer Waldes entspringenden Bäche Schleuse, Gabel und Tanne. Die Schleuse entspringt als Böse Schleuse oben am Rennsteig (Dreiherrenstein) und eilt via Schleusingen und Kloster Veßra der Werra zu; das Tal der oberen Schleuse ist erst im Hochmittelalter besiedelt worden.

Mit schönen Ausblicken auf die Talsperre Schönbrunn und die umgebenden Berge führt die Promenade durch die Hänge von Schwefelkopf und Märterskopf über dem vom Stausee überfluteten Tal der Tanne.

Am Ende der ersten fjordartigen Bucht verlassen wir den Stausee, wandern geradeaus im **Tannengrund** aufwärts und können an der dritten Verzweigung – von links mündet der Truckentanner Grund ein – wählen: Die bequeme Route führt weiter längs der Tanne aufwärts zum Rennsteig, folgt kurz dem Rennsteig links und zweigt erneut links ab zum **Fünfeckigen Stein**. Ansonsten zweigen wir links in den **Truckentaler Grund** hinauf ab, wandern am **Kleinen Burgberg** vorbei und stoßen am **Fünfeckigen Stein** (Rastplatz) zwischen Ebereschenhügel und Großem Burgberg wieder auf die bequeme, vom Rennsteig herüberführende Route.

Vom Fünfeckigen Stein führt die Wanderung bequem hinab in den **Gabelsgrund** und vorbei am alten **Flößteich** und dem **Alten Forsthaus** zur **Vorsperre Schleusegrund**. Nach Überschreiten der Staumauer geht es am rechten Ufer des Stausees zurück und hinab zum Ausgangspunkt im Schleusetal.

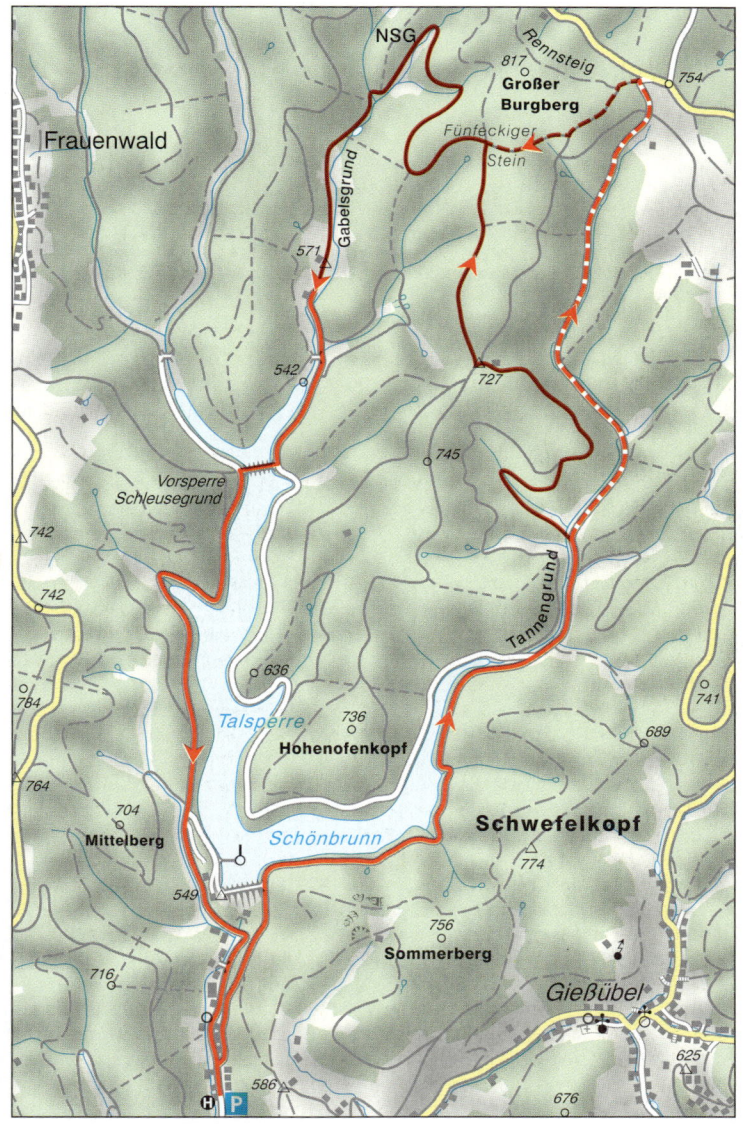

Frauenwald

NSG

Rennsteig

817
Großer
Burgberg

Fünfeckiger
Stein

754

571

Gabelsgrund

542

727

745

Vorsperre
Schleusegrund

742

742

636

Tannengrund

741

784

Talsperre

736
Hohenofenkopf

689

764

Schwefelkopf

704

Mittelberg

Schönbrunn

774

549

756

Sommerberg

Gießübel

716

625

586

676

35 Gießübel – Nadelöhr – Langertfelsen

Faszinierende Pirsch durch die Gießübler Schweiz

Talort Schleusegrund: Siehe Wanderung 35.
Ausgangspunkt: Parkplatz an der Waldbaude (ca. 580 m) am oberen Ortsende von Schleusegrund-Gießübel an der Straße Richtung Masserberg.
Weglänge: 8 km Rundwanderung.
Anstiege: 250 Höhenmeter.
Gehzeit: 3 Stunden.
Einkehr: Gießübel (0 km).

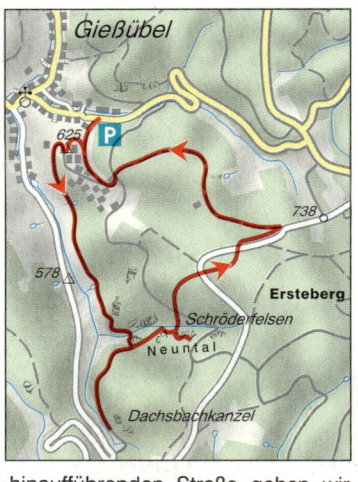

Diese abwechslungsreiche, naturschöne Wanderung führt durch die romantische Gießübler Schweiz mit ihren Laubmischwäldern, mächtigen Felsen und dem in Kaskaden zu Tal tanzenden Bach. Hervorragendster Aussichtpunkt während der Wanderung ist der Langertfelsen.
Nach Queren der von **Gießübel** zum Schwalbenhaupt am Rennsteig hinaufführenden Straße gehen wir rechts durch die *Löffelbergstraße*, von der nach wenigen Metern links der *Einweg* abzweigt. An der Verzweigung bleiben wir auf der Löffelbergstraße und zweigen hinter dem ersten Haus links auf einen Pfad zwischen den Grundstücken ab. Ziemlich steil führt er hinauf zum **Löffelberg**-Pavillon, einem Rastplatz mit wunderbarer Aussicht auf das Dorf und die umgebenden Berge. Wir folgen dem halb links schwingenden Weg sacht abwärts und gehen eine gute Viertelstunde im Waldhang über dem Dachsbachtal dahin – ein schöner Waldweg mit reizvollen Blicken in den Wiesengrund. Schließlich zweigt links der Naturlehrpfad in das **Neuntal** ab und führt durch die **Gießübler Schweiz**. Wenn weiter oben im Hang der Pfad zur **Dachsbachkanzel** ausgeschildert ist, folgen wir ihm – ein Abstecher zu Felsen, die zwar keine Aussicht bieten, aber mit dem schönen Buchenwald im Steilhang unbedingt sehenswert sind. Von der Dachsbachkanzel geht es zurück zum Naturlehrpfad: Er führt hinauf zu den **Schröderfelsen** (benannt nach dem Forstmeister, der die Werraquellfassung entworfen hat), passiert gleich oberhalb das **Nadelöhr**, einen Torfelsen (Rastplatz), und erreicht den geländergesicherten **Langertfelsen**, der auf einer himmelblauen Eisenleiter erstiegen wird und eine so weite Rundschau gewährt, daß eine riesige Übersichtskarte nötig wäre, um alles zu lokalisieren: Vom Adlersberg bei Schmiedefeld am Renn-

Das Nadelöhr in der Gießübler Schweiz.

steig und den höchsten Bergen des Thüringer Waldes reicht der Blick fast über das ganze Thüringer Schiefergebirge.

Es ist am besten (schönsten), auf derselben Route zurückzugehen, da der Rest des Naturlehrpfads wenig Abwechslung bietet: Abstieg vom Langertfelsen zum Wirtschaftsweg auf einem kaum noch vorhandenen Pfad; dem Wirtschaftsweg rechts (abwärts) folgen, bis nach ca. 5 Minuten links ein Weg abzweigt; diesem meist grasigen Weg abwärts folgen, bald wieder begleitet von den Naturlehrpfad-Markierungen, die hinab nach Gießübel leiten.

36 Fehrenbach – Masserberg

Über die Rennsteigwarte in die Fehrenbacher Schweiz

Talort Masserberg: Die Gemeinde Masserberg (830 m, 3300 Ew.) ist ein Luftkurort und Wintersportplatz im Thüringer Schiefergebirge im Kreis Hildburghausen; mehrere Heilkliniken.

Ausgangspunkt: Bushaltestelle Schwarzer Adler (620 m) in Masserberg-Fehrenbach;

Busverbindung nach Eisfeld und Masserberg. Hier auch Parkplätze.

Weglänge: 11 km Rundwanderung.

Anstiege: 300 Höhenmeter.

Gehzeit: 4 Stunden.

Einkehr: Fehrenbach (0 km), Rennsteigwarte (4 km), Masserberg (5 km).

Diese geruhsame Wald- und Wiesenwanderung führt über den Rennsteig zu den Felsen der Fehrenbacher Schweiz.

In **Fehrenbach** folgen wir wenige dutzend Meter der Durchgangsstraße aufwärts, biegen an der Gaststätte *Schilling* rechts Richtung *Werra Park Hotel* ab und gehen sofort links aufwärts: Die Markierung *roter Strich* enteilt in die Wälder, zieht still im Hang über dem **Eselsgrund** dahin, durchsteigt den Quellbereich und hält an einer Rastplatz-Wiese inne. Hier geht es geradeaus und links kurvend (empfehlenswert ist der ausgeschilderte Abstecher rechts zur Werraquelle: 5 Minuten) zum Rennsteig hinauf, am Aussichtsgerüst **Rennsteigwarte** mit der *Turmbaude* vorbei und hinab in den Kurort **Masserberg**, recht aussichtsreich weiter auf dem Rennsteig, bis an der **Bührings-hütte** (schöner Blick auf Masserberg und das Schiefergebirge) der Weg Richtung *Heubach* abzweigt. Von diesem Weg zweigt gleich darauf links der Weg Richtung *Fehrenbach* ab, und von diesem wiederum zweigt an einer überdachten Raststelle ein schnurgerader Grasweg ab: Er verläßt bald den

Felsen und Mischwälder prägen die Fehrenbacher Schweiz.

Wald, durchzieht eine große, sonnige Wiese mit Einzelfichten und stößt im Waldsaum auf den *Rundweg Fehrenbacher Schweiz*, hier rechts (vorher bietet sich aber ein Abstecher links an). Im Steilhang leitet er an einigen beachtlichen Felsen vorbei. Schließlich steigen wir hinab in das Wiesentälchen **Fehrengrund** und spazieren zurück nach Fehrenbach.

37 Sachsenbrunn – Werraquelle

Bequeme Waldwanderung zur vorderen Quelle der Weser

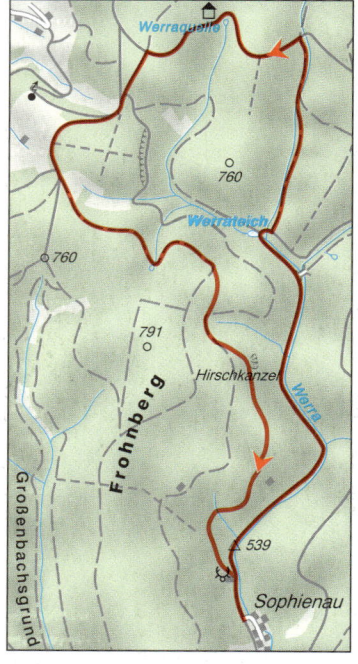

Talort Sachsenbrunn: Die Gemeinde Sachsenbrunn (480 m, 2400 Ew.) ist ein Erholungsort im Südhang des Thüringer Schiefergebirges im Kreis Hildburghausen.
Ausgangspunkt: Forsthaus in Sachsenbrunn-Schwarzenbrunn (520 m) bzw. Ende der Stichstraße im Werratal in Sophienau.
Weglänge: 12 km Rundwanderung.
Anstiege: 300 Höhenmeter.
Gehzeit: 4 Stunden.
Einkehr: Werraquellbaude (6 km).

Durch das Waldtal der vorderen Werra führt diese Wanderung zur Werraquelle. Auf dem Rückweg erwartet uns ein Höhenspaziergang mit Panorama-Aussichten.

Von **Sachsenbrunn-Schwarzenbrunn** bzw. dem noch weiter oben im Tal gelegenen **Sachsenbrunn-Sophienau** folgen wir der Werra in ihrem Waldtal aufwärts zum **Werrateich**, der einst der Holztrift diente. Am Teich zweigen wir rechts in das Seitental ab und wandern hinauf zur (Vorderen) **Werraquelle**, neben der die Werraquellbaude zur Rast lädt. Hier entspringt im Hang des Zeupelsbergs auf 797 m der höchste Quellbach der Weser, des einzigen großen deutschen Stroms, der – anders als Rhein, Elbe und Donau – ausschließlich in Deutschland fließt und in Deutschland in die See mündet. Die Hintere Werraquelle, auch Saarquelle genannt, entspringt bei Siegmundsburg. Welche die »richtige« Werraquelle ist, ist heftig umstritten. Von der Werraquellbaude folgen wir dem Asphaltweg Richtung *Fehrenbach* sacht aufwärts und erreichen bald eine aussichtsreiche Wiese mit Blick auf das Dorf Masserberg-Fehrenbach. Am Rand der Wiese verlassen wir den Asphaltweg und zweigen auf den Weg Richtung Hirschkanzel ab. Er taucht kurz in den Wald ein und erreicht dann eine Wiese mit prachvoller Aussicht (Sitzbank am Waldsaum). An der nächsten Verzweigung gehen wir geradeaus und weiter zur Hirschkanzel, einem Quarzfelsen

Die Werraquelle im Hang des Zeupelsbergs.

im Hang über dem Werratal. Dieser war früher Ziel von Goldsuchern, die aus seinen Adern das Edelmetall zu gewinnen versuchten. Von der Hirschkanzel leitet der Waldweg über dem Werratal südwärts und führt zurück ins Tal.

38 Herschdorf – Langer Berg

Panorama-Spaziergang

Talort Gehren: Die Stadt Gehren (483 m, 4100 Ew.) ist ein Erholungsort im äußersten Nordosten des Thüringer Waldes im Ilm-Kreis. Gehren, 1299 erstmals erwähnt, kam nach wechselvollem Schicksal 1599 in den Besitz der Grafen von Schwarzburg-Sondershausen und war 1720-40 deren Residenzstadt. Ruine des 1933 abgebrannten Schlosses (16. Jh.) im Schloßpark.

Ausgangspunkt: Bushaltestelle Herschdorf (620 m) in Herschdorf südöstlich von Gehren an der Buslinie Ilmenau – Gehren – Großbreitenbach bzw. Königsee – Herschdorf. Autos finden auch Parkmöglichkeit am Zentralwegweiser.

Weglänge: 10 km Rundwanderung.

Anstiege: 200 Höhenmeter.

Gehzeit: 3 Stunden.

Einkehr: Herschdorf (0 km), Höhenblick (4 km).

Dieser bequeme und aussichtsreiche Wiesen- und Waldspaziergang führt auf den Langen Berg, der auf einer Länge von 12 km eine markante Grenze zwischen Thüringer Wald und Thüringer Schiefergebirge markiert. Sein von einem Denkmal überhöhter Gipfel, den Latschenkiefern/Legföhren und Zwergstrauchheiden schmücken, erlaubt eine faszinierende Schau auf beide Gebirge: hier die Hochfläche des von Wiesen und Grünland geprägten Schiefergebirges, dort der mächtige Kamm des Waldgebirges. Bis 1920 trug der Lange Berg die Grenze zwischen den Kleinstaaten Schwarzburg-Sondershausen (auf alten Grenzsteinen: SS) und Schwarzburg-Rudolstadt (SR).

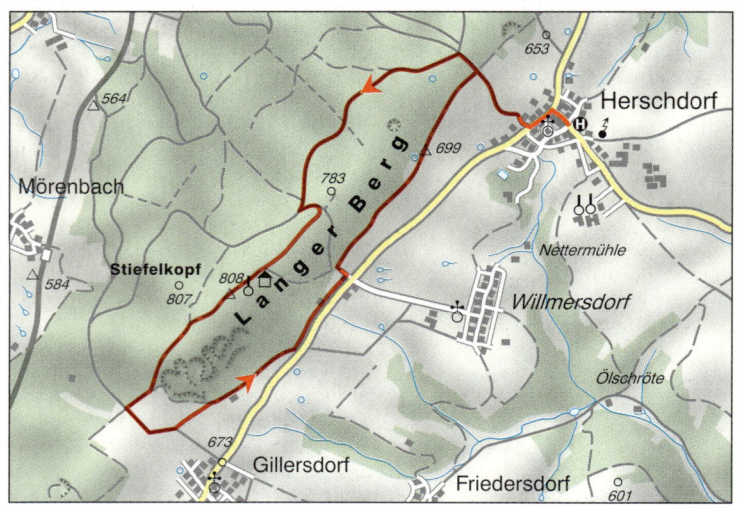

Vom Karl-Günther-Denkmal auf dem Langen Berg schweift der Blick zwischen Fichten über die weite Hochfläche des Thüringer Schiefergebirges.

Von der Bushaltestelle in **Herschdorf** geht es kurz die *Schwarzburger Straße* aufwärts (westwärts) und oben an der Verzweigung links in die *Langer-Berg-Straße* bis zum Zentralwegweiser am *Imbiß Am Langen Berg*, wo der Weg zum Langen Berg abzweigt. Er führt durch Wiesen, taucht schließlich in den Wald ein und erreicht nach Passieren des Gasthauses **Höhenblick** das **Karl-Günther-Denkmal** auf dem Langen Berg. Karl Günther war der letzte Fürst von Schwarzburg-Sondershausen. Als er 1909 kinderlos starb, übernahm der Fürst von Schwarzburg-Rudolstadt auch die Regentschaft in Schwarzburg-Sondershausen. 1918 wurden beide Schwarzburg unabhängige Freistaaten, ehe sie 1920 im Land Thüringen aufgingen. Vom Denkmal bietet sich ein schöner Blick auf das Schiefergebirge. Wer dem Pfad gegenüber dem Denkmal folgt, gelangt zu einer kleinen Aussichtsplattform (Bänke) mit Blick auf Gehren, die Nordostabdachung des Thüringer Waldes und das Vorland. In der Heide um das Denkmal wachsen Preiselbeeren.

Vom Denkmal führt der Weg geradeaus weiter, bald mit hervorragendem Blick über Gillersdorf hinweg auf das Schiefergebirge. Schließlich folgen wir der Markierung *gelber Strich* in den aussichtsreichen Wiesen links hinab. An der nächsten Verzweigung – hier laden Tisch und Bänke zur Rast – biegen wir unmarkiert links in den Hang ab und folgen dem *Panoramaweg*. Wo er auf die Straße trifft, geht es links weiter auf dem *Aussichtswanderweg Gausitz*, und bald ist wieder unser Ausgangsort Herschdorf erreicht.

39 Katzhütte – Schwarzaquelle

Auf romantischen Waldwegen zur Quelle der Schwarza

Über den Wurzelberg, einst bedeutendstes und größtes Jagdrevier der Fürsten von Schwarzburg-Rudolstadt, heute als Bergmischwald-Naturschutzgebiet ein faszinierendes Wandergebiet, führt diese Wanderung zur Quelle des Flusses, der von Scheibe-Alsbach aus auch in einer Kurzwanderung zu erreichen ist.

Talort Katzhütte: Die Gemeinde Katzhütte (430 m, 2100 Ew.) liegt an der Mündung der Katze in die obere Schwarza im Kreis Saalfeld-Rudolstadt auf dem Thüringer Schiefergebirge. Der Ort entstand im 16. Jh. aus einem Hüttenwerk zum Schmelzen von Kupfererzen.

Ausgangspunkt: Ortsmitte Katzhütte (380 m), wo die Straße nach Neuhaus abzweigt. Oberhalb der Bushaltestelle Katzhütte-Gemeinde, Busverbindung nach Neuhaus, Steinheid, Ilmenau und Erfurt. Der (End-)Bahnhof »Katzhütte« der Schwarzatalbahn liegt ein gutes Stück weiter talabwärts.

Weglänge: 16 km Streckenwanderung; Rückfahrt mit dem Bus.

Anstiege: 650 Höhenmeter.

Gehzeit: 6 Stunden.

Einkehr: Katzhütte (0 km), Scheibe-Alsbach (10 km), Rennsteigbaude (16 km).

Die Schwarza entspringt am Kamm des Thüringer Waldes. Das einst forellenreiche Flüßchen führte Goldsand mit sich. An den Goldreichtum der Schwarza erinnert heute der Name des Kraftwerkstausees »Goldisthal«.

In **Katzhütte** folgen wir kurz der Straße Richtung *Neuhaus* und biegen mit *roter Strich* rechts ab. Der Weg taucht bei Kirche und Forstamt in den Wald und hält aufwärts zum **Wurzelberg**. Dort nehmen wir folgende Route: Wir gehen am **Jagdhaus Wurzelberg** vorbei zum **Königstannenstumpf**, dem fast 9 m Umfang messenden Stumpf einer der größten Tannen Deutschlands, und hinab zum **Altfrauteich**, folgen dem Altfraubach hinab ins Jungfraubachtal, halten in diesem aufwärts zum **Jungfrauteich** (die Teiche dienten der Holztrift) und stoßen bald darauf am **Großen Tor** auf die neue Straße oberhalb des Pumpspeicherkraftwerk-Unterbeckens.

Hier zweigen wir links ab in den Ort **Scheibe-Alsbach**, gehen am **Stausee Scheibe-Alsbach** vorbei und wandern mit *grüner Strich* hinauf zur **Schwarzaquelle**. Oberhalb der Quelle treffen wir auf den Rennsteig und folgen ihm links hinüber zur **Rennsteigbaude**. Die Rückkehr erfolgt mit dem Bus.

40 Bad Blankenburg – Schwarzburg

Durch das wildromantische Schwarzatal

Talort Bad Blankenburg: Die Stadt Bad Blankenburg (207 m, 8000 Ew.) ist ein Luftkurort am Austritt der Schwarza aus dem Thüringer Schiefergebirge im Kreis Saalfeld-Rudolstadt; Altstadtkern am Fuß der »Blankenburg« (die Burg wird seit 1650 »Greifenstein« genannt; restauriert, prächtige Aussicht).
Ausgangspunkt: Bushaltestelle Krankenhaus (220 m) am südwestlichen Ortsende von Bad Blankenburg an der Straße nach Rudolstadt; Buslinie Rudolstadt – Sitzendorf, der Bus hält auch am Schweizerhaus und in Schwarzburg (Abkürzungsmöglichkeiten); gegenüber vom Krankenhaus findet sich rechts der Schwarza ein Großparkplatz.
Weglänge: 17 km Rundwanderung.
Anstiege: 450 Höhenmeter.
Gehzeit: 5 - 6 Stunden.
Einkehr: Bad Blankenburg (0 km, Kiosk), Böhlscheiben (3 km), Schweizerhaus (5 km), Schwarzburg (9 km).

Das als Naturschutzgebiet ausgewiesene untere Schwarzatal mit seinen Laubwäldern und bizarren Schieferklippen und den Strudeltöpfen im weitgehend unbegradigten Fluß ist eines der naturnahsten und schönsten Täler im Naturpark Thüringer Wald. Den sehr bequemen (und sehr schönen) Spaziergang neben dem Fluß verbindet dieser Wandervorschlag mit der Pirsch durch die steil bis zu 300 m aufragenden Talflanken mit ihren prachtvollen Aussichtsfelsen.

Oberhalb des Krankenhauses zweigt von der Talstraße der *Naturlehrpfad Heinrich Cotta* ab und steigt in Serpentinen zwischen Eichen, Buchen, Kiefern und Felsen hinauf zum geländergesicherten **Griesbachfelsen** mit Blick ins Tal, aus dem der Bergfried der Burgruine Eberstein heraufgrüßt – ein sonniger Rastplatz. Nach diesem naturnahen, genußvollen Aufstieg wird es bequemer: Der Naturlehrpfad zieht hinüber zur **Teufelstreppe**, einer »siebenstufigen« Klippe mit fichtenzweigverhangenem, romantischem Tiefblick, und erreicht bald darauf das ehemalige Bergmannsdorf Böhlscheiben. Wer den Zwischenabstieg ins Tal vermeiden will, kann

Im Thüringer Wald trifft man häufig auf Tiere. Neben Wild kann man auch Kreuzspinnen, Feuersalamandern (Foto) und anderen, eher kleinen Tieren begegnen.

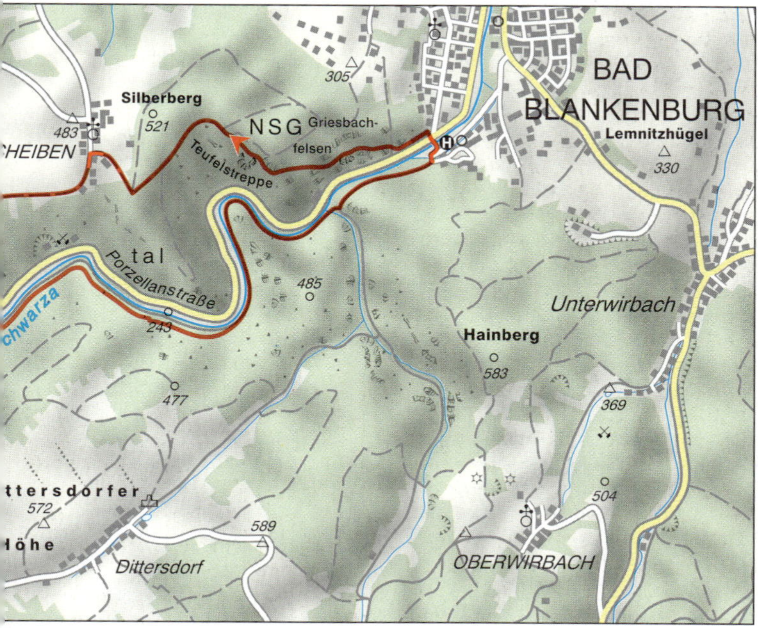

BAD
BLANKENBURG

Silberberg
521
483
HEIBEN
NSG Griesbach-
felsen
Teufelstreppe
H
Lemnitzhügel
330
305

tal
Porzellanstraße
485
Unterwirbach
chwarza
243
Hainberg
583
369
477
ttersdorfer
572
504
öhe
589
Dittersdorf
OBERWIRBACH

Der »Wasserfall« in Bad Blankenburg. Wer vom Bahnhof zum Ausgangspunkt geht, spaziert durch die gepflegten Kurgärten längs der Schwarza.

ausgeschildert via Cordobang zum Trippstein weitergehen, der Naturlehrpfad aber führt hinab zum **Schweizerhaus** im Schwarzatal. Hier könnte man den Fluß überschreiten und zurückspazieren, würde dann aber den großartigsten Aussichtsfelsen verpassen, den **Trippstein** (504 m), zu dem der Naturlehrpfad via **Suppenschüssel** (Rest eines Denkmals für eine verstoßene Prinzessin) hinaufzieht. Eine Panoramatafel verzeichnet die Punkte im Blickfeld, darunter unten im Tal **Schwarzburg** mit dem gleichnamigen Schloß, unser nächstes Ziel, das wir auf steilem Zickzackweg erreichen. Der Name der 1071 erstmals urkundlich erwähnten Schwarzburg ist mit einem der mächtigsten thüringischen Feudalgeschlechter verbunden. 1349 wurde Günther [XXI.] von Schwarzburg zum deutschen [Gegen-]König gewählt, jedoch noch im selben Jahr von Karl IV. besiegt und mit einer Geldsumme abgefunden. 1571/99 teilten sich die Schwarzburger in die Linien *Schwarzburg-Rudolstadt* und *Schwarzburg-Sondershausen*; die beiden Kleinstaaten gingen 1920 im Land Thüringen auf. Von Schwarzburg folgen wir der Schwarza zurück nach Bad Blankenburg, wobei die Markierung *»x«* des Internationalen Fernwanderweges Eisenach – Budapest (EB) die Route weist.

Blick von einer der Schieferklippen hoch über dem Schwarzatal auf das tief eingeschnittene Tal und seine waldgeschmückten Flanken.

114

Die Rennsteig-Wanderungen

Unter den mehr als 200 Rennsteigen, Rennwegen und Rennstiegen in Deutschland ist der 168,3 km lange Kammweg des Thüringer Waldes der bekannteste Weitwanderweg. Von der Mündung der Hörsel in die Werra in Eisenach-Hörschel leitet er meist als fahrradfähiger Waldweg, zuweilen auch als Gras- und Wurzelpfad via Inselsberg (916 m) und Beerberg (982 m) über die höchsten Höhen des Thüringer Waldes, tritt beim Wintersportort Masserberg in die Hochfläche des Thüringer Schiefergebirges ein und wechselt östlich von Neuhaus in den Frankenwald, wo er in Blankenstein an der Saale endet.

Da viele Stätten, die der Rennsteig berührt, Brennpunkte deutscher Mythologie, Kultur und Geschichte sind, ist der Rennsteig ein Weg umwoben von Sagen, ein Weg voller Geschichte und voller Geschichten: von Räubern, Rittern und Wegelagerern, von Zwergen, weisen Jungfrauen und Hexen, von Bonifatius und Luther, Napoleon und Goethe. Zuhauf begegnen sagenumwobene Felsen, Quellen und Grotten. Gustav Freytag läßt in seinem thüringischen Romanzyklus »Die Ahnen« den Altar des germanischen Gottes Donar auf dem Gipfel des Donnershauk (893 m) stehen. Mythos, Geschichte, Sage: Auf dem Rennsteig vermischen sich Naturschönheit und Kultur zu einem Ganzen, das selbst zum Mythos geworden ist – zum Mythos Rennsteig.

Name

Als »Rynnestig« wird der Thüringer-Wald-Rennsteig in einer in Schmalkalden am 10. August 1330 ausgestellten Urkunde erstmals schriftlich erwähnt. Die Bedeutung des Namens und die ursprüngliche Funktion dieses alten Bergpfads sind jedoch rätselhaft. Da es mehr als 200 sogenannter Rennsteige und Rennwege in Deutschland gibt – darunter einen bereits im 9. Jahrhundert in der Marktbeschreibung von Salmünster (Hessen) genannten »Renniweg« –, handelt es sich offensichtlich um einen weit verbreiteten Gattungsnamen. Zuweilen wird das Wort *rynne* mit *rain* (= Grenze) in Zusammenhang gebracht und behauptet, der Kammpfad folge einer jahrtausendealten »natürlichen Grenze«. Dann müßten aber auch die anderen 15 thüringischen und 200 deutschen Rennsteige »natürlichen Grenzen« folgen, und das tun sie nicht. Das Wort *rynne* bedeutete im Mittelalter *sich rasch bewegen*, das Wort *stig* bezeichnete einen ansteigenden Bergpfad. Tatsächlich verlaufen nahezu alle Rennsteige auf Bergkämmen bzw. fungieren als Zuwege. Möglicherweise sind die Rennsteige Relikte eines in vorgeschichtlicher Zeit ausgebildeten Wegesystems. So liegt der keltische Höhenort »Schwedenschanze« in den Haßbergen ebenfalls an einem Rennweg. Insgesamt liegt der Schluß

Die vorbildliche Markierung auf dem Rennsteig läßt kein Verirren zu. Im Bild die Wegweiser am Gustav-Freytag-Stein zwischen Donnershauk und Oberhof.

Blick vom Sandwieschen am Rennsteig auf die Talsperre Scheibe-Alsbach.

nahe, daß die Rennsteige Routen zur raschen Fortbewegung (»rynne«) zu
Fuß oder zu Pferd waren, im Gegensatz zu den befahrbaren Handels- und
Heerstraßen. Noch im 16. und 17. Jahrhundert wird der Thüringer-Wald-
Rennsteig immer wieder als ein geheimzuhaltender Weg bezeichnet, auf
dem rasches Vorwärtskommen möglich sei.

Routenverlauf und Etappen

Der Anfangs- und Endpunkt des Ur-Rennsteigs ist unbekannt, als Weitwanderweg folgt er einer Route, die auf den gothaischen Offizier und Straßen-
bauingenieur Julius von Plänckner zurückgeht. Daher wird der heutige Weitwanderweg auch als pläncknerscher Rennsteig bezeichnet. Plänckner nahm
den Förthaer bzw. Vachaer Stein bei Eisenach als westlichen und den Ort
Rodacherbrunn bei Titschendorf als östlichen bekannten Endpunkt des
Rennsteigs an. Er durchwanderte die Strecke 1830 in entgegengesetzter
Richtung, beschrieb militärisch knapp die Route und legte die Marschzeit auf
43,5 Stunden in fünf Tagen fest. Die Strecken vom Förthaer Stein bis Hörschel und von Rodacherbrunn bis Blankenstein bezeichnete er als Fortset-
zungen. Mit dieser Beschreibung und der Festlegung der Etappen schuf
Plänckner den »pläncknerschen Rennsteig« und begründete die Rennsteig-
Touristik, auch wenn sich die Etappen und die Routenführung stellenweise
verändert haben. Zu DDR-Zeiten begann der Rennsteig an der Hohen Sonne

bei Eisenach, da das Gebiet von Hörschel bis Clausberg im Sperrgebiet an der Grenze zur Bundesrepublik lag, und endete beim Wintersportort Ernstthal im Grenzgebiet zwischen Thüringen und Bayern.

Dem mit »R« markierten Rennsteig folgt der Weitwanderweg der deutschen Einheit (Görlitz – Aachen). Der Internationale Bergwanderweg Eisenach – Budapest (EB, Markierung »blau-x«) folgt dem Rennsteig von der Hohen Sonne bis Neuhaus am Rennweg und führt durch das Schwarzatal nach Bad Blankenburg, wo er den Naturpark Thüringer Wald verläßt.

Rennsteigverein

Am 24. Mai 1896, Pfingstsonntag, wurde nach einem Aufruf des Gymnasiallehrers Ludwig Hertel im Waldhaus Weidmannsheil der Rennsteigverein gegründet. Damit begann nach den Vorleistungen Plänckners der kometenhafte Popularitätsaufstieg des Kammwegs: Alle Anrainer in den damaligen Kleinstaaten waren aufgerufen, sich alljährlich zu Pfingsten in Hörschel oder Blankenstein zur fröhlichen »Runst« zu versammeln. Die gesamte Wanderung wurde in sechs Etappen unterteilt.

Im Mai 1913 wanderte der Eisenacher Max Raebel bei nur einer Übernachtung in 32 Stunden und 45 Minuten die 168 km von Blankenstein nach Hörschel. Während die Begehung des Rennsteigs im Sommer keine Schwierigkeiten bereitete, gelang der Sieg über den Winter erst mehr als ein Vierteljahrhundert später. 1905 wurde in Oberhof der Thüringer Wintersportverband gegründet, 1906 fand das erste Rennsteig-Skirennen vom Inselsberg nach Oberhof statt, doch alle Versuche, den gesamten Rennsteig auf Ski zu durchlaufen, scheiterten, bis 1923 Gustav Räther aus Erfurt die erste Skirunst in 28 Stunden und 27 Minuten schaffte.

Richtung

Wer in Hörschel bei Eisenach startet und den Rennsteig von West nach Ost durchwandert, hat mehrere Etappen vor sich, bei denen der Kammweg zunächst geblieben ist, was das Rennsteiglied Victor von Scheffels ihm bescheinigt: »Ein deutscher Bergpfad ist´s! Die Städte flieht er und keucht zum Kamm des Waldgebirgs hinauf...« Weiter östlich verläuft der Rennsteig oft auf Straßen oder folgt Straßen. Somit können die westlichen Etappen von Hörschel über den Großen Inselsberg zur Ebertswiese und weiter bis zum Großen Beerberg aus der Fußwanderperspektive als die attraktivsten empfunden werden. Während die westlichen Etappen überwiegend durch Wald führen, präsentiert sich das Schiefergebirge als aussichtsreiches Kulturland, und die östlichen Etappen eignen sich dank der vergleichsweise geringen Anstiege und der zahlreichen Straßen hervorragend für Radwanderungen.

Wer den Rennsteig ganz durchwandert, erlebt ein Stück Mittelgebirgsdeutschland mit allen Höhen und Tiefen. Zu den Höhepunkten zählt, was als naturnah und landschaftstypisch empfunden werden kann: die Stille der

Wälder, die ins Unendliche reichenden Aussichten von Bergen und Fels-
inseln hoch über dem Land, der reiche Blumenschmuck der unter Naturschutz gestellten Hochweiden, fachwerkverzierte Häuser, das Orgeln der
Hirsche in den Nächten der Herbst-Tagundnachtgleiche, Einkehr und Übernachtung auf einer Hütte oder im Gasthaus in einem Dorf. Aber auch die
Begegnung mit dem, was als landschaftsfremd und zerstörerisch empfunden werden kann, bleibt auf dem Rennsteig nicht aus: Motorenlärm auf
rennsteigbegleitenden Straßen, kranke Kunstforste, weggeworfener Müll. Ob
man auf dem Rennsteig Ost-West oder West-Ost geht, man erlebt beides:
ein Stück Mittelgebirgsdeutschland mit allen Höhen und Tiefen.

Testwanderung

Wer den Rennsteig testen will, nimmt sich am besten die erste Etappe von
Eisenach-Hörschel bis zum Inselsberg vor. Sie ist 33 km lang, im Anstieg
sind 1200 Höhenmeter zu bewältigen, wer die Etappe teilen will, findet mehrere Unterkunftsmöglichkeiten direkt am Rennsteig vor, darüber hinaus besteht an mehreren Punkten die Möglichkeit, mit dem Bus nach Eisenach
zurückzukehren. Wer den Rennsteig in einer bequemeren Kurzwanderung
kennenlernen will, startet am Waldgasthaus »Großer Dreiherrenstein« beim
Wintersportort Brotterode und wandert zum Großen Inselsberg. Diese
Kurzwanderung (nur 10 km hin und zurück, nur 250 Höhenmeter im Anstieg)
führt im Wechsel von naturschönen Wäldern und Aussichtsfelsen zum markantesten Berg des Thüringer Waldes.

Rennsteigbus

Im Gebiet von Eisenach (Hörschel, Hohe Sonne) können Einzeletappen-
Wanderer mit dem Stadtbus zum Ausgangspunkt zurückkehren. Auf den
Etappen zwischen Hoher Sonne und Oberhof hingegen ist die Rückkehr
zum Ausgangspunkt nur zeitaufwendig zu organisieren. Ab Oberhof/Rondell
ändert sich die Situation, da der Rennsteig nun oft kleineren Straßen und
Bundesstraßen folgt, und dies bedeutet: Hier gibt es Bushaltestellen. So
erfreuen sich die Etappen ab Oberhof/Rondell einer derart großen Beliebtheit
bei Einzeletappen-Wanderern, daß eine eigene Buslinie eingerichtet wurde,
die Rennsteiglinie. Die Busse halten an folgenden Stationen: Oberhof -
Rondell - Schmücke - Mordfleck - Kreuzung Eisenberg - Schmiedefeld Kino -
Kreuzung Rennsteig - Frauenwald - Allzunah - Dreiherrenstein - Neustadt am
Rennsteig - Kahlert - Schwalbenhaupt - Masserberg.

Rennsteig ohne Gepäck

Da der Rennsteig ein viel begangener und -beradelter Wanderweg ist, emp-
fiehlt sich die Buchung der Übernachtung im voraus. Gastgeberverzeichnisse schicken die Fremdenverkehrsverbände zu. Für den Rennsteig bzw.
einige zusammenhängende Etappen bieten einige Gemeinden das Paket

Bei Limbach am Rennsteig steht der Dreistromstein Rhein – Weser – Elbe.

»Wandern ohne Gepäck« an: Die Übernachtung wird im voraus gebucht, das Gepäck wird während der Wanderung zum nächsten Übernachtungsort verbracht. Die zweite Variante betrifft Wanderungen mit selbem Standquartier: Man wird morgens zum Ausgangspunkt gebracht und abends am Zielpunkt abgeholt. Nähere Informationen bei den Fremdenverkehrsämtern. Zu jeder Etappe verzeichnet dieser Führer neben geeignetem Kartenmaterial auch die Anschriften, Telefonnummern und so weit vorhanden Internetadressen der Fremdenverkehrsämter. Wer nicht im voraus gebucht hat, kann sich unterwegs per Handy nach Übernachtungsmöglichkeiten erkunden, Busabfahrtszeiten erfragen und/oder ein Taxi zum Etappenziel ordern.

41 Hörschel – Wilde Sau – Hohe Sonne

Auftakt der Rennsteigwanderung

Talort Eisenach: Siehe Wanderung 2.
Ausgangspunkt: Mündung der Hörsel in die Werra (196 m) in Eisenach-Hörschel. Orientierungspunkt für Anreisende ist die Kirche in Hörschel. Bei der Kirche ist die Haltestelle der Stadtbuslinie Eisenach – Hörschel – Oberellen. Unweit der Kirche hält der Zug Bebra – Gerstungen – Herleshausen – Eisenach. Neben der Kirche ist der Rennsteigbeginn ausgeschildert.
Weglänge: 14 km Streckenwanderung.
Anstiege: 300 Höhenmeter.
Gehzeit: 4 - 5 Stunden.
Einkehr: Clausberg (7 km), Hohe Sonne (14 km).
Karten: Topographische Freizeitkarte 1 : 25 000 Thüringer Wald, Blatt 1 »Marksuhl« und Blatt 2 »Eisenach«, oder topographische Freizeitkarte 1 : 50 000 Rennsteig, Blatt 1 aus dem Kartenset »Rennsteig« (Thüringer Landesvermessungsamt).
Information: Eisenach-Information, Markt 2, 99817 Eisenach, Tel. 03691-79230 oder

-19433, Fax 03691-792320, www.eisenach-tourist.de.

Von seinem nördlichsten und tiefsten Punkt (196 m), der Mündung der Hörsel in die Werra in Eisenach-Hörschel, führt der Rennsteig im Wechsel von aussichtsreichen Wiesen und Feldern, sanften Kuppen sowie ausgedehnten Wäldern auf den Kamm des Thüringer Waldes. Das traditionelle Startritual besteht darin, den Wanderstab ins Wasser zu tauchen, einen Stein vom Ufer mitzunehmen und die Geister des Waldgebirges um gutes Gelingen zu bitten. Ein Holzschild neben zwei Linden markiert den Rennsteigbeginn.

Von der **Hörselmündung** geht es hinauf zur Kirche (1904/05) von **Hörsel** und dort auf der Durchgangsstraße kurz rechts, bis halb links der autofreie Weg *Am Rennsteig* abzweigt und teils in prachtvollen Eichenbuchenwäldern, teils in Wiesen auf den aussichtsreichen **Großen Eichelberg** (310 m) führt. Hier zeigt sich als markantester Blickfang die Wartburg, während im Werratal am Westfuß des Berges das Dorf Neuenhof mit Schloß und Landschaftspark liegt. Gleich darauf passieren wir an der Kreuzung des von Neuenhof heraufführenden Wegs eine alte **Gerichtskiefer** (»Malbaum«), durchwandern in sachtem Auf und Ab die Wälder der **Tiroler Platte** und erreichen in dem Weiler (mit Dorflinde) **Oberellen-Clausberg** (400 m) die erste Einkehrmög-

Der Kreuzstein Wilde Sau trägt die Jahreszahl 1483 (Geburtsjahr Luthers) und ist der älteste mit einer Jahreszahl versehene Stein am Rennsteig.

lichkeit. Von der Gaststätte »Zum Haflinger« (mit Reithof) folgt der Rennsteig der Dorfzufahrt hinab zum Förthaer oder **Vachaer Stein** (372 m, Bushaltestelle), einem schon zur Zeit der napoleonischen Kriege vorhandenen Obelisk und Wegweiser am historischen Handelsweg Leipzig – Nürnberg, der heutigen B 84. Nach Queren der Bundesstraße taucht der Rennsteig wieder in den Wald ein und erreicht nach Überschreiten des 1858 erstmals befahrenen, 570 m langen Förthaer Eisenbahntunnels, durch den die Werrabahn fährt, das Naturschutzgebiet »Wartburg – Hohe Sonne«, dessen Südgrenze er bis zur Hohen Sonne folgt. Schon bald laden Hütte, Tisch und Bänke am Kreuzstein **Wilde Sau** zur Rast, wo ein ausgeschilderter Weg zur Wartburg beginnt (7 km bis dort). Wenig später passiert der Rennsteig die Schutzhütte an der **Krummen Kahre**, wo ein neu gesetzter Stein die drei für die Rennsteiggeschichte wichtigsten Jahreszahlen zeigt: 1330 (erste urkundliche Erwähnung), 1830 (Erstbegehung durch Plänckner) und 1990 (seit dem 28.4.1990 ist der Rennsteig nach Beseitigung der Grenze in seiner gesamten Länge wieder zu begehen).

An der Krummen Kahre zweigt links der *Revolutionsweg* zu den Knöpfelsteichen ab. Von der Krummen Kahre leitet der Rennsteig geruhsam weiter durch die Wälder und erreicht die Gaststätte **Hohe Sonne** an der B 19. Hier besteht die Möglichkeit, mit dem Stadtbus oder zu Fuß durch die Drachenschlucht nach Eisenach zurückzukehren.

42 Hohe Sonne – Klöckler – Glasbachwiese

Rennsteigwanderung über den »Großglockner des Thüringer Waldes«

Talort Eisenach: Siehe Wanderung 2.
Ausgangspunkt: Bushaltestelle und Parkplatz Hohe Sonne (434 m) südöstlich von Eisenach an der B 19. Hier befindet sich eine Haltestelle der Buslinie Eisenach – Bad Liebenstein.
Weglänge: 11 km Streckenwanderung.
Anstiege: 400 Höhenmeter.
Gehzeit: 4 Stunden.
Einkehr: Hohe Sonne (0 km), Ascherbrück (5 km), Forsthaus Kissel (Abstecher, 8 km), Ruhlaer Skihütte (Abstecher, 13 km).
Karten: Topographische Freizeitkarte 1 : 50 000 Rennsteig, Blatt 1 aus dem Kartenset »Rennsteig« oder topographische Freizeitkarte 1 : 25 000 Thüringer Wald, Blatt 2 »Eisenach« und Blatt 4 »Ruhla« (alle vom Thüringer Landesvermessungsamt herausgegeben).
Information: Fremdenverkehrsamt Ruhla, Obere Lindenstraße 29-31, 99842 Ruhla,

Tel. 036929-89013, www.media-point.de/ruhla/home.htm.

Diese überwiegend im Wald verlaufende Rennsteig-Etappe berührt mit dem Triniusblick und den Glöcknerfelsen zwei der landschaftlich beeindruckendsten Stellen des Rennsteigs. Ab der Hohen Sonne ist der Rennsteig bis Neuhaus identisch mit dem an der Wartburg beginnenden Internationalen Bergwanderweg Eisenach – Budapest (EB), dessen Markierung, das *blaue Andreaskreuz*, uns bis dorthin neben dem Rennsteig-*R* begleitet.

An der **Hohen Sonne** quert der Rennsteig die B 19 und führt halb rechts in den Wald hinauf, wobei er auch den alten Handelsweg *Weinstraße* (Wagenstraße) quert. Der **GutsMuths-Stein** links des Wegs erinnert daran, daß hier der GutsMuths-Rennsteiglauf beginnt (65 km bis Schmiedefeld), der seit 1973 alljährlich im Mai durchgeführte bekannteste Langstreckenlauf des Thüringer Waldes; benannt ist er nach dem Turnpädagogen GutsMuths, der von 1785 bis 1839 in Waltershausen-Schnepfenthal wirkte. Wenig später ist rechts der empfehlenswerte 3-Minuten-Abstecher zum **Hirschstein** ausgeschildert, einem Rastplatz mit Rhön-Blick und Sonnenbadewiesen. Dann führt der Rennsteig durch Wälder zur Wegekreuzung **Zollstock** (Schutzhütte), wo in der Zeit der Fürstenstaaten Abgaben entrichtet werden mußten, am **Gollertskopf** spendet eine Quelle Erfrischung, im Forststück **Jubelhain** findet sich ein Rastplatz, ehe wir an der Rennsteigbaude **Ascherbrück**

Am Hirschstein unweit der Hohen Sonne.

(Einkehr) die Paßstraße Ruhla – Etterwinden queren und zur Wegespinne **Ruhlaer Häuschen** (Schutzhütte) wandern, wo der aus dem Werratal heraufführende *Sallmanshäuser Rennsteig* einmündet.

Nun führt der Rennsteig zur aussichtsreichen Wiese am **Höllkopf**, an dem die Schweina entspringt (1-Minuten-Abstecher), und erreicht den von Buchen beschatteten Rastplatz **Triniusblick**. Nächste Stationen sind die im Wald gelegene Bergwachthütte **Auerhahn** (Rastplatz) sowie die Wegekreuzung **Große Meilerstätte**, wo früher – als hier natürlicher Buchenwald wuchs, während heute die Fichte dominiert – Holzkohle gewonnen wurde.

Dann erreicht der Rennsteig die beiden eindrucksvollen Granitfelsgruppen des **Glöckner** mit dem Ehrenmal der Weltkriegsgefallenen des Rennsteigvereins. An der westlichen Felsgruppe sind bei der Schutzhütte die Namen bekannter »Renner« in den Granit eingraviert (Rennsteiggründer Ludwig Hertel u.a.), an der weiter östlich gelegenen finden sich weitere Namen (Fröbel usw.) sowie der Aufruf, der antinapoleonischen Befreiungskriege zu gedenken.

Bald darauf quert der Rennsteig die Paßstraße Ruhla – Bad Liebenstein (Bushaltestelle) und folgt der Straße Richtung Brotterode zur **Schillerbuche** am Parkplatz **Glasbachwiese** (Imbißkiosk). Die alte Buche, ein Relikt des natürlichen Waldkleids in dem ansonsten hier weitflächig angepflanzten standortfremden Fichtenforst, erhielt ihren Namen im Schillerjahr 1905. Bei guter Sicht ist abends der abschließende Abstecher zum Gerberstein zu empfehlen, gut 15 Minuten bis dort (vgl. Wanderung 43).

43 Glasbachwiese – Gerberstein – Inselsberg

Rennsteigwanderung zum Wahrzeichen des Thüringer Waldes

Talort Eisenach: Siehe Wanderung 2.
Ausgangspunkt: Parkplatz Glasbachwiese (634 m); Straßen- und Busanbindung ab Ruhla (Talort von Wanderung 5), Bad Liebenstein (Wanderung 8), Brotterode (Wanderung 10) und Emsetal (Wanderung 12).
Weglänge: 8 km Streckenwanderung.
Anstiege: 400 Höhenmeter.
Gehzeit: 3 Stunden.
Einkehr: Dreiherrenstein (3 km), Großer Inselsberg (8 km).
Karten: Topographische Freizeitkarte 1 : 50 000 Rennsteig, Blatt 1 aus dem Kartenset »Rennsteig« oder topographische Freizeitkarte 1 : 25 000 Thüringer Wald, Blatt 4 »Ruhla« (alle Thüringer Landes-

vermessungsamt).
Information: Gästeinformation Brotterode, Bad Vilbeler Platz 4, 98599 Brotterode, Tel. 036840-3333, Fax 036840-3335, www.thue-net.de/Brotterode.

Die Etappe über den Gerberstein sowie über Beerberg- und Venetianerstein hinauf zum Großen Inselsberg ist eine der schönsten Rennsteigetappen.
Von der Glasbachwiese folgt der Rennsteig kurz der Straße Richtung Brotterode zum Parkplatz **Wallfahrt** an der **Wüstung Glasbachkirche**: Archäologen haben hier die Kirche eines untergegangenen Dorfs aus dem 13./14. Jh. ausgegraben. Während die moderne Rennsteigroute der Straße Richtung Brotterode folgt, queren wir die Straße und wandern auf der alten Rennsteigroute hinauf zu den Granitklippen des von Buchennaturwald geschirmten **Gerbersteins** (728 m). Einer der Felsen ist als Aussichtspunkt begehbar gemacht und geländergesichert. Vom Gerberstein folgen wir dem Kammpfad ostwärts und kommen an alten Grenzsteinen vorbei, bis sich die neue Rennsteigroute wieder mit unserer alten vereinigt und wir zur **Hirschbalzwiese** zwischen dem Schleifkotengrund (südlich) und dem Kroatengrund hinabwandern. Nun führt der Rennsteig hinauf zur **Waldschänke** am **Großen Dreiherrenstein**. Hier grenzten die Länder der »Herren« von Kurhessen (Grenzkürzel KH), Sachsen-Gotha (SG) und Sachsen-Meiningen (SM) aneinander. Ein Scheffeldenkmal (1913) ehrt den Dichter des Rennsteiglieds. Vom Dreiherrenstein führt der Rennsteig in hohem, grasreichem Fichtenwald an der Grenze sacht bergan und überschreitet den **Großen Weißenberg**. Wo er beim Abstieg aus dem Wald tritt, öffnet sich links der Blick über die Gründe im Einzugsbereich der Emse hinweg auf den Inselsberg (Aussichtsstelle mit Bank und Tisch). Nach Überschreiten des **Zigeunerkopfs** passiert der Rennsteig eine Schutzhütte und erreicht dann die **Brotteroder Hütte** (725 m), wo der von Brotterode heraufführende Wanderweg einmündet. Nun führt der Rennsteig an der kleinen **Beerberggrotte**

Auf dem Gerberstein im Abendlicht.

(ausgeschilderter Abstecher) vorbei zum aussichtsreichen **Beerbergstein** (Tisch, Bänke), passiert den aussichtsreichen **Venetianerstein** (Schutzhütte, gegenüber Bergwachtstation) und führt durch ein Buchenwaldnaturschutzgebiet recht steil hinauf auf den **Großen Inselsberg** (siehe Wanderung 11).

44 Inselsberg – Possenröder Kreuz – Ebertswiese

Rennsteigwanderung zur Quellwiese der Spitter

Weglänge: 12 km Streckenwanderung.
Anstiege: 350 Höhenmeter.
Gehzeit: 4 Stunden.
Einkehr: Großer Inselsberg (0 km), Grenzwiese (1 km), Tanzbuche (6 km, kurzer Abstecher), Heuberghaus (6 km), Spießberghaus (8 km, kurzer Abstecher), Ebertswiese (12 km).
Karten: Topographische Freizeitkarte 1 : 50 000 Rennsteig, Blatt 1 und 2 aus dem Kartenset »Rennsteig« oder topographische Freizeitkarte 1 : 25 000, Blatt 6 »Inselsberg« und Blatt 9 »Tambach-Dietharz« (alle Thüringer Landesvermessungsamt).
Information: Verkehrsamt Floh-Seligenthal (Talort von Wanderung 19), Bahnhofstraße 4 (Rathaus), 98593 Floh-Seligenthal, Tel. 03683-606894, Fax 03683-608000, www.itip.com/floh-seligenthal/index.htm.
Bergseebaude am Rennsteig, An der Ebertswiese, 98593 Floh-Seligenthal, Tel. 03683-65480, Fax 03683-654849, www.pibt.de/4/bergseebaude.htm

Talort Brotterode: Siehe Wanderung 10.
Ausgangspunkt: Die Aussichtsfreifläche vor den Gasthäusern am Gipfel des Großen Inselsbergs (916,5 m) nördlich von Brotterode.

Diese bequeme Rennsteigwanderung folgt fast ohne nennenswerte Auf- und Abstiege dem Hauptkamm des Thüringer Waldes zur Ebertswiese, wo der Bergsee an heißen Tagen zum Bad lädt. Das zu durchwandernde, flachkuppige Waldgelände läßt sich von der Aussichtsfläche vor den Gasthöfen auf dem Großen Inselsberg hervorragend überschauen.

Vom **Großen Inselsberg** führt der Rennsteig auf Stufen hinab zum Busparkplatz und dann rechts hinauf zu den aussichtsreichen **Reitsteinen**. Auf einem steilen und teilweise sehr aussichtsreichen Fels- und Wurzelpfad geht es abwärts im **Reitsteine-Felsmassiv**, bis wir auf einen Asphaltweg treffen und auf diesem zum Gasthaus an der **Grenzwiese** hinabgehen. Die Wiese trägt den Namen, weil hier früher Sachsen-Gotha und die hessische Herrschaft Schmalkalden aneinandergrenzten.

Nach Queren der Paßstraße Brotterode – Tabarz an der Grenzwiese überschreitet der Rennsteig den bewaldeten **Trockenberg** (Schutzhütte, Blick zurück zum Inselsberg), passiert die Waltershäuser Hütte des Deutschen Alpenvereins und zweigt auf dem **Großen Jagdberg** links (!) ab, ohne weiter den Grenzsteinen zu folgen. Nach Passieren einer weiteren Schutzhütte

*Der Bergsee im Osthang des Mittleren Höhen- oder Hühnbergs. Ein Bademeister
paßt darauf auf, daß niemand in diesem bis zu 12 m tiefen See in einem aufgelassenen Steinbruch ertrinkt.*

mündet der Rennsteig am **Kleinen Jagdberg** auf die zur **Tanzbuche** (links,
kurzer Abstecher, Gasthaus) führende Stichstraße (die namengebende
Tanzbuche steht nicht mehr) und folgt ihr geradeaus zum **Heuberghaus** an
der 1840 errichteten Paßstraße Kleinschmalkalden – Friedrichroda. Nach
Queren der Paßstraße folgt der Rennsteig einem holperigen Weg im Hang
des Heubergs weiter geradeaus, zweigt aber an einer Raststelle unweit des
Gasthauses **Spießberghaus** (kurzer Abstecher: links) geradeaus ab, überschreitet den Spießberg und senkt sich zur Schutzhütte am **Possenröder
Kreuz** (Schutzhütte).

Auf der folgenden Strecke ermöglichen Fichtenforstschäden einige weite
Ausblicke, unter anderem zurück zum Großen Inselsberg, ehe die Schutzhütte am **Dreiherrenstein am Hangweg** erreicht ist. Wenig später, wenn der
vom Spitterfall, dem höchsten Wasserfall des Thüringer Waldes, heraufführende Steig einmündet, zweigt der Rennsteig vom Wirtschaftsweg rechts auf
einen Pfad ab, an dem ein Grenzstein aus dem Jahr 1680 steht. Gleich
darauf laden an der Wegeverzweigung an der **Ebertswiese**, der Quellwiese
der Spitter, Bänke und Tisch zur Rast. Rechts geht es zur **Bergseebaude**
und zum **Bergsee**, einem Badesee in einem aufgelassenen Steinbruch am
Mittleren Höhenberg.

45 Ebertswiese – Donnershauk – Oberhof

Wald- und Aussichtswanderung nach Oberhof

Talorte: Im Süden Floh-Seligenthal, im Osten Tambach-Dietharz

Ausgangspunkt: Wegverzweigung Ebertswiese (720 m) an der gleichnamigen Bergwiese bei der Bergseebaude.

Weglänge: 18 km Streckenwanderung.

Anstiege: 450 Höhenmeter.

Gehzeit: 5 Stunden.

Einkehr: Grenzadler (18 km).

Karten: Topographische Freizeitkarte 1 : 50 000 Rennsteig, Blatt 2 aus dem Kartenset »Rennsteig« oder topographische Freizeitkarte 1 : 25 000, Blatt 9 »Tambach-Dietharz« und Blatt 13 »Oberhof« (alle Thüringer Landesvermessungsamt).

Information: Kurverwaltung Oberhof, Crawinkler Str. 2, 98559 Oberhof, Tel. 036842-22143.

Diese Rennsteigetappe führt überwiegend durch Fichtenwald, bietet jedoch auch schöne Ausblicke zu den Dolmar-Bergen bei Meiningen und bei klarer Sicht bis zur Rhön. Von der **Ebertswiese** führt der Rennsteig zur Schutzhütte an der **Alten Ausspanne**, wo eine Pferdestation an der heute nicht mehr genutzten Paßstraße »Strata magna« von Schmalkalden nach Tambach-Dietharz bestand. In kaum merklichem Anstieg überquert der Rennsteig den **Nesselberg** und quert an der **Neuen Ausspanne** die seit dem 16. Jh. genutzte Paßstraße von Schmalkalden nach Tambach-Dietharz. Nach Überschreiten des **Krämerod-Bergs** senkt sich der Rennsteig zur Raststelle **Wiedepfuhlswiese**; Imbiß und Getränke an der 200 m entfernten Bergwachthütte. Nun führt der Rennsteig über den **Sperrhügel** und erreicht die Schutzhütte bei der **Ausspanne an den Neuhöfer Wiesen**. Nächste Station ist die

Der preußische »Grenzadler« am Rennsteig in Oberhof.

steinerne Schutzhütte am **Wachsenrasen**, dann leitet der Rennsteig am **Donnershauk** vorbei (ausgeschilderter Abstecher 10 Min.) zur Schutzhütte am nicht mehr existierenden, aber weiterhin so genannten **Gustav-Freytag-Stein** (Grenzstein 1). Wir queren die Skirollerstrecke des Wintersport-Bundesleistungszentrums der Bundeswehr und erreichen den **Grenzadler** in **Oberhof** an der Paßstraße von Steinbach-Hallenberg nach Oberhof.

46 Grenzadler – Rennsteiggarten – Schmücke

Über den höchsten Berg des Thüringer Waldes

Talort Oberhof: Die Stadt Oberhof (806 m, 1900 Ew.) ist ein Luftkurort und Wintersportplatz im Kreis Schmalkalden-Meiningen.

Ausgangspunkt: Bushaltestelle und Großparkplätze Oberhof-Grenzadler (837 m) an der Paßstraße von Oberhof nach Steinbach-Hallenberg und Schmalkalden; Buslinien

Bad Liebenstein – Oberhof und Steinbach-Hallenberg – Oberhof.
Weglänge: 11 km Streckenwanderung.
Anstiege: 300 Höhenmeter.
Gehzeit: 3 Stunden plus Besichtigung des Rennsteiggartens.
Einkehr: Schanzenbaude (0 km), Imbißkiosks am Rondell (2,5 km), Wander- und Sporthotel Schmücke (10 km), Suhler Hütte (11 km).
Karten: Topographische Freizeitkarte 1 : 50 000 Rennsteig, Blatt 2 und Blatt 3 aus dem Kartenset »Rennsteig« oder topographische Freizeitkarte 1 : 25 000, Blatt 13 »Oberhof« (alle Thüringer Landesvermessungsamt).
Information: Fremdenverkehrsbüro Gehlberg, Hauptstraße 41, 98559 Gehlberg, Tel. 036845-50500, Fax 036845-50414. Waldhotel Schmücke, Schmücke 5, 98559 Gehlberg, Tel. 036845-5880, Fax 036845-58830, www.waldhotel-schmuecke.de.

Vom Wintersportort Oberhof führt diese abwechslungsreiche Rennsteigetappe zum Rennsteiggarten und über die unter Naturschutz stehende höchste Partie des Thüringer Waldes.

Vom **Grenzadler** in Oberhof führt der Rennsteig waldeinwärts zum Rastplatz am **Dreiherren-Stein 16** (Schutzhütte). Hier stand früher der Dietzel-Geba-Stein, ein Sühnekreuz, das an die Hinrichtung des Straßenräubers Dietzel von Geba im Jahr 1498 erinnerte. Nun geht es hinab zum **Rondell**, wo die von Zella-Mehlis heraufführende B 247 den Kamm überquert und die Schmückestraße abzweigt. Ein Obelisk auf dem Straßendreieck erinnert an die Erbauer der 1832 fertiggestellten »Kunststraße« (heutige B 247), ein Forstarbeiterdenkmal im Stil des sozialistischen Realismus erinnert an die Männer und Frauen, die nach der Windbruchkatastrophe von 1946 »den Thüringer Wald retteten« (Inschrift).

Der Rennsteig quert die Bundesstraße und folgt kurz der Straße Richtung Schmücke. Hier bietet sich rechts der Abstecher in den **Rennsteiggarten** an, einen gebirgsbotanischen Garten mit rund 4000 Pflanzen aus Europa, Amerika und Asien. Der 7 Hektar große Garten wurde 1970 in einem aufgelassenen Steinbruch am Pfanntalskopf angelegt in einer Umgebung, in der die Pflanzen unter ähnlichen Witterungsverhältnissen leben wie im Hochgebirge: 150 Tage Schneelage im Jahr, Jahresmitteltemperatur 4,2 ° C, jährliche Niederschlagsmenge 1400 mm. Viele Vertreter bekannter Gebirgspflanzengattungen wie Enziane, Primeln, Glockenblumen, Nelken, Edelweiß und Alpenrosen entfalten im Rennsteiggarten ihre Blüten, aber auch weniger bekannte Schönheiten wie Blauer Himalayamohn, Andenpolster und Bitterwurz lassen sich hier entdecken. Interessant ist ferner der Thüringer Heilkräutergarten; er liegt am *Adolf-Kolping-Weg*, auf dem der Aussichtspunkt auf dem **Pfanntalskopf** erreichbar ist. Für die Gastronomie sorgt das Café »Enzian«.

Vom Rennsteiggarten führt der Rennsteig im Hang der **Brandleite** (879 m) aufwärts. Im Inneren dieses Bergs durchstößt der 1881-84 erbaute, 3083 m lange Brandleitetunnel den Gebirgskamm (Eisenbahnstrecke Erfurt – Suhl). An der bald darauf erreichten **Sommerwiese** und wenig später noch einmal quert der Rennsteig die *Schmückestraße* und führt zur Wegespinne **Suhler Ausspanne**. Hier wurden früher die Pferde ausgespannt, die wegen der starken Steigung zusätzlich vor die von Suhl herauffahrenden Lastwagen gespannt werden mußten. An der Suhler Ausspanne beginnt sich der **Große Beerberg** (983 m) zwischen Rennsteig und *Schmückestraße* zu schieben. Im bewaldeten Hang wandern wir aufwärts, zwischendurch bietet sich Ausblick auf Oberhof, dann erreicht der Rennsteig am Gipfel des Großen Beerbergs mit 973 m seinen höchsten Punkt. Die Gipfelpartie des höchsten Bergs im Thüringer Wald mit alten Wetterfichten und baumfreie Moorflächen steht unter Naturschutz. Es handelt sich um eines der wenigen Moore im Thüringer Wald. In anderen Mittelgebirgen sind Hochmoore weitaus häufiger anzutreffen (z.B. im Schwarzwald und der Rhön), im Thüringer Wald hingegen fehlen Verebnungen, in denen Moore entstehen konnten. Das Moor auf der flachen Kuppe des Beerbergs ist knapp 3 ha groß.

Von seinem höchsten Punkt führt der Rennsteig zu **Plänckners Aussicht**. Diese Raststelle bietet einen Panoramablick in den von hoch aufragenden Porphyrhärtlingen umgebenen Suhler Granitkessel mit den Suhler Ortsteilen Goldlauter und Heidersbach, dahinter zeigen sich die Neubauten von Suhl mit dem Hotel auf dem Ringberg sowie der gegenüberliegende Domberg. Weiter entfernt sind der Dolmar bei Meiningen, die Kuppen der Rhön und weiter links die beiden Gleichberge bei Römhild zu erkennen. Wenig später wird der Rennsteig schmaler, verwandelt sich kurzfristig gar in einen Wurzelpfad, stößt aber an der Wegekreuzung **Adler** wieder auf die *Schmückestraße*. Im Norden zeigt sich der Schneekopf (978 m), der zweithöchste Gipfel des Thüringer Waldes. Vom Adler führt der Rennsteig neben der *Schmückestraße* zur Abzweigung Richtung **Suhler Hütte** (Imbiß) und zur **Wetterstation Schmücke** und leitet dann hinab zum aussichtsreichen Waldhotel **Schmücke** (916 m). Die so hoch wie der Große Inselsberg gelegene Schmücke war lange Zeit die höchstgelegene Siedlung am Rennsteig. Sie liegt an einer schon im Mittelalter bedeutenden Wegekreuzung.

47 Schmücke – Dreiherrenstein – Neustadt a.R.

Flotte Rennsteig-Radwanderung

Talorte: Gehlberg im Norden, Suhl im Süden, Oberhof im Nordwesten.

Ausgangspunkt: Gehlberg-Schmücke (911 m) an der Straße Oberhof – Schmiedefeld/Neustadt am Rennsteig.

Weglänge: 18 km Streckenwanderung.

Anstiege: 200 Höhenmeter.

Gehzeit: 5 Stunden.

Einkehr: Waldhotel Schmücke (0 km), Jugendherberge Am Rennsteig beim Bahnhof Rennsteig (8 km), Waldhotel Rennsteighöhe (9 km), Frauenwald-Allzunah (11 km), Großer Dreiherrenstein (13 km), Neustadt am Rennsteig (18 km).

Karten: Topographische Freizeitkarte 1 : 50 000 Rennsteig, Blatt 3 aus dem Kartenset »Rennsteig« (Thüringer Landesvermessungsamt).

Information: Fremdenverkehrsamt Schmiedefeld am Rennsteig, Suhler Straße 4, 98711 Schmiedefeld am Rennsteig, Tel. 036782-324, Fax 036782-705. Fremdenverkehrsamt Frauenwald, Nordstraße 96, 98711 Frauenwald, Tel. 036782-925, Fax 036782-239. Fremdenverkehrsamt Neustadt am Rennsteig, Rennsteigstraße. 52, 98701 Neustadt am Rennsteig, Tel. 036781-9833, Fax 036781-9833.

Waldhotel Rennsteighöhe, Am Rothenberg 1, 98711 Frauenwald, Tel. 036782-62200, Fax 036782-62201, www.waldhotel-rennsteighoehe.de.

Von der höchsten Berggegend des Thüringer Waldes führt diese bequeme Etappe in sachtem Abstieg in den Ferienort Neuhaus am Rennsteig. Der Rennsteig wird auf dieser Strecke fast durchgehend von (kleinen) Straßen begleitet und folgt ihnen teilweise auf dem Asphalt selbst oder auf Trampelpfaden bzw. benutzt Parallelwege. Nicht wenige empfinden es als sinnvoll, diese Etappe mit dem Fahrrad zu absolvieren.

Von der aussichtsreichen **Schmücke** folgt der Rennsteig der Straße nach Schmiedefeld hinab, führt nach Passieren einer Schutzhütte in den Wald und

Auf dem Weg zur Triniusbaude.

wechselt am **Mordfleck** (Schutzhütte, Bushaltestelle) die Straßenseite. Von hier folgt der Rennsteig weiter der Straße, verläßt sie jedoch kurz im Bereich der **Alten Tränke**. Hier wurden früher die Zugpferde der Lastwagen getränkt, heute lädt ein Rastplatz an alten Holztrögen zum Verweilen ein. Gleich darauf schließt sich der Rennsteig wieder der Straße an, folgt ihr lange Zeit, kreuzt die B 4 (Schmiedefeld – Ilmenau), passiert den **Bahnhof Rennsteig** (Linie Erfurt – Schleusingen) und die **Jugendherberge am Rennsteig**, dann zweigen wir von der Straße (ihr folgt der Rennsteig weiter) links auf den Weg zum **Waldhotel Rennsteighöhe** mit dem **Bunkermuseum** ab. Das Museum befindet sich in einem ehemaligen Befehlsbunker, der 1979-85 im Auftrag des Ministeriums für Staatssicherheit errichtet wurde. Bald erreichen wir wieder die Straße und folgen ihr in das ehemalige Glashüttendorf Frauenwald-**Allzunah**. Weiter geht es auf der Straße und dann auf einem Waldweg zur Ausflugsgaststätte am **Großen Dreiherrenstein**. Der Stein (1596) markierte die Grenze der Staaten Henneberg-Schleusingen, Sachsen-Hildburghausen und Schwarzburg-Sondershausen. Statistiker erfahren hier, daß der Große Dreiherrenstein am Mittelpunkt des Rennsteigs liegt: 83,7 km liegen hinter und vor uns. Das letzte Stück bis Neuhaus vermeidet der Rennsteig die Straße, so gut es geht: Er überquert die bewaldeten Kuppen von **Morast** (Rastplatz) – der Name spielt auf den moorigen Untergrund dieses Gebiets an – und **Großem Burgberg** (817 m) und erreicht **Neustadt am Rennsteig**.

48 Neustadt a.R. – Masserberg – Limbach

Rennsteigwanderung vom Thüringer Wald ins Thüringer Schiefergebirge

Talort Neustadt am Rennsteig: Die Gemeinde Neustadt am Rennsteig (790 m, 1200 Ew.) ist ein Ferienort in Aussichtslage auf einer Hochfläche am Übergang von Thüringer Wald und Thüringer Schiefergebirge im Ilm-Kreis. Die ehemalige Glashüttensiedlung wurde beidseits des Rennsteigs gegründet, so daß der nördliche Teil zu Schwarzburg-Sondershausen, der südliche zu Sachsen-Meiningen gehörte. 1923 wurden beide Ortsteile vereinigt, seither führt der Rennsteig mitten durch Neustadt.
Ausgangspunkt: Bushaltestelle Neustadt/Kaufhalle im Ortszentrum von Neustadt am Rennsteig an der Rennsteigstraße. Buslinie Großbreitenbach – Neustadt –
Ilmenau.
Weglänge: 21 km Streckenwanderung.
Anstiege: 400 Höhenmeter.
Gehzeit: 5 Stunden.
Einkehr: Kahlert (2 km), Triniusbaude (7 km), Masserberg (10 km), Rennsteigwarte (11 km), Friedrichshöhe (17 km), Limbach (21 km).
Karten: Topographische Freizeitkarte 1 : 50 000 Rennsteig, Blatt 3 und Blatt 4 (Thüringer Landesvermessungsamt).
Information: Kurverwaltung Masserberg, Kurhausstraße 8, 98666 Masserberg, Tel. 036870-53373. Fremdenverkehrsbüro Steinheid, Scheibenerstraße 2, 98749 Limbach, Tel. 036704-80500.

Vom aussichtsreich gelegenen Ferienort Neustadt am Rennsteig führt diese leichte Wald- und Aussichtsetappe über das Thüringer Schiefergebirge zum Kurort Masserberg und durch die Wälder im Quellbereich der Werra nach

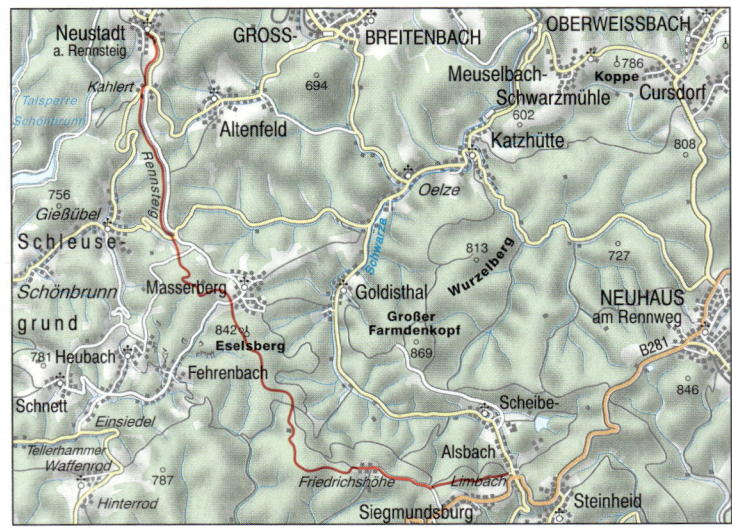

Steinheid-Limbach. Die ersten fünf Kilometer folgen der Straße, die hier den Namen »*Rennsteigstraße*« führt, dann beginnt fast durchgehende Autofreiheit. Zu den Höhepunkten zählt das Panorama vom Aussichtsturm der Rennsteigwarte. Empfehlenswert sind die jeweils kurzen Abstecher zum Langertfelsen (Aussicht; siehe Wanderung 35) und zur nahen Werraquelle (Einkehr; siehe Wanderung 37).

Ab **Neustadt** folgt der Rennsteig aussichtsreich der *Rennsteigstraße*, taucht bei der Siedlung Neustadt-**Kahlert** (Einkehr) in den Wald ein, passiert die sagenumwobene **Teufelsbuche** und folgt der Straße zur **Schwalbenhauptwiese** hinab (Straßenkreuzung). Hier zweigt der Rennsteig nach Passieren des Parkplatzes halb rechts auf einen Forstweg ab, führt zur **Triniusbaude** mit dem **Triniusstein** (benannt nach dem Thüringer Heimatschriftsteller August Trinius, 1851-1919) und erreicht die Schutzhütte am **Ersteberg**. Bei klarer Sicht ist der ausgeschilderte 10-Minuten-Abstecher zum aussichtsreichen **Langertfelsen** oberhalb der Gießübler Schweiz zu empfehlen. Der Rennsteig führt weiter zur **Bühringshütte**, einer Schutzhütte mit schönem Blick auf Masserberg und das Thüringer Schiefergebirge, durchquert den Kur- und Wintersportort **Masserberg** und leitet auf breitem Forstfahrweg hinauf zur **Rennsteigwarte** auf dem **Eselsberg** mit Einkehrbaude und dem einzigen Aussichtsturm am Rennsteig. Das 29 m hohe Stahlgerüst bietet ein prachtvolles Panorama von weiten Teilen des Thüringer Schiefergebirges und des Thüringer Waldes: Es zeigen sich südlich der Bleß mit seinen Türmen, westlich die Basaltkegel der Gleichberge und nördlich die zurückliegende Rennsteigstrecke bis hin zum Beerberg. Auch Oberhof und der Schneekopf sind in Sicht.

Nun führt der Rennsteig im Wald zum **Dreiherrenstein an der Hohen Heide** (Schutzhütte); er markierte das Dreiländereck von Schwarzburg-Sondershausen, Schwarzburg-Rudolstadt und Sachsen-Meiningen. Gleich darauf passiert der Rennsteig die ausgeschilderte Abzweigung zur nahen **Werraquelle**, führt zur **Eisfelder Ausspanne**, einem früher viel benutzten Gebirgsübergang zwischen Werra- und Schwarzatal, und überschreitet die **Pechleite**. Auf diesem Berg erinnert der Germarstein an den Rennsteigwanderer Bruno von Germar (1873-1924). Beim Abstieg von der Pechleite treten wir oberhalb von Sachsenbrunn-**Friedrichshöhe** (Einkehrmöglichkeit, Umweltzentrum Naturpark Thüringer Wald) aus dem Wald, der Rennsteig umgeht das winzige Dorf, führt zu den drei **Soldatengräbern** (1945) beim **Kleinen Herrenstein am Saarzipfel** (1773, einstige Grenze von Sachsen-Hildburghausen, Schwarzburg-Rudolstadt und Sachsen-Coburg-Meiningen), zweigt hier links ab und erreicht im Wald den **Dreistromstein**, einen 1906 errichteten Obelisk an der Wasserscheide zwischen Elbe, Weser und Rhein; eine feste Schutzhütte lädt zur Rast. Die Saar (= hintere Werraquelle) eilt südwestwärts der Werra, dem höchsten Quellfluß der Weser, zu. Vom Dreistromstein leitet der Rennsteig hinab in das Dorf Steinheid-**Limbach**.

49 Limbach – Neuhaus – Steinbach am Wald

Rennsteig-Tour vom Thüringer Schiefergebirge in den Frankenwald

Talort Steinheid: Die Gemeinde Steinheid (738 m, 1400 Ew.) ist ein Erholungsort im Thüringer Schiefergebirge im Quellgebiet der Schwarza im Kreis Sonneberg. Im Ortsteil Limbach erfand Johann Gotthelf Greiner um 1760 noch einmal das Hartporzellan und gründete die älteste Porzellanmanufaktur Thüringens.

Ausgangspunkt: Limbach (Ortsteil von Steinheid) südwestlich von Neuhaus am Rennweg.

Weglänge: 29 km Streckenwanderung.

Anstiege: 350 Höhenmeter.

Gehzeit: 7 - 8 Stunden.

Einkehr: Limbach (0 km), Rennsteigbaude Bernhardsthal (5 km), Neuhaus am Rennweg (7 km), Igelshieb (8 km), Brand (16 km), Spechtsbrunn (18 km), Kalte Küche (19 km), Waidmannsheil (26 km), Steinbach (29 km).

Karten: Topographische Freizeitkarte 1 : 50 000 Rennsteig, Blatt 4 und Blatt 5 (Thüringer Landesvermessungsamt).

Information: Fremdenverkehrsamt Neuhaus am Rennweg, Am Marktplatz, 98724 Neuhaus am Rennweg, Tel. 03679-722061. Verkehrsamt Steinbach am Wald, Ludwigstädter Straße 2, 96361 Steinbach am Wald, Tel. 09263-525, www.gem-steinbach-a-wald.de.

Vom Thüringer Schiefergebirge führt diese teilweise sehr aussichtsreiche Etappe in den Frankenwald. Von Steinheid-**Limbach** folgen wir dem Rennsteig an den aussichtsreichen **Petersberg**, auf dem früher Goldsucher unterwegs waren, und über den legföhrenbedeckten **Sandberg** zur **Steinheider Hütte**, einer Schutzhütte am Parkplatz **Sandwieschen** an der B 281. Wer hier wenige Schritte links geht, gelangt an eine Aussichtsstelle mit Blick auf den Ort Scheibe-Alsbach und die 1937 errichtete Talsperre. Gleich darauf ist links der 10-Minuten-Abstecher zur **Schwarzaquelle** ausgeschildert,

in deren Tal wir wenig später vom **Rollkopf** aus hinabblicken. Am Naherholungsgebiet **Bernhardsthal** mit Gaststätte (Baude) und Schwimmbad erreicht der Rennsteig erneut die B 281 und folgt ihr in die Stadt **Neuhaus am Rennweg**. In diesem Luftkurort und Wintersportplatz zweigt der Rennsteig rechts Richtung Sonneberg/Lauscha ab und folgt eine Zeitlang der Straße, wechselt im Stadtteil **Igelshieb** (schieferverkleidete Häuser) links hinauf in die Wiesen und kreuzt am **Bahnhof Ernstthal** die Eisenbahnlinie Saalfeld – Sonneberg. Aussichtsreich geht es weiter über den Hügel oberhalb des alten Glashütten- und heutigen Erholungs- und Wintersportorts Ernstthal, dann erreichen wir im Wald an der Straße nach Pessau das **Denkmal des Thüringer Wintersportverbands**, errichtet 1920 zum Gedenken der Weltkriegsgefallenen. Das Denkmal markierte bis zum Zusammenbruch der DDR das Ostende des Rennsteigs. Vom Denkmal führt der Rennsteig im Wald hinauf zur **Laubeshütte**, wo der kurze Abstecher zum **Frankenwaldblick** ausgeschildert ist, weiter zum **Forsthaus Brand** (Gaststätte) und dann parallel zur Straße hinab in das Grenzdorf Gräfenthal-**Spechtsbrunn** (680 m) mit Barockkirche von 1746. Nach einem kurzen Stück auf der Straße erreichen wir das Gasthaus **Kalte Küche** am Coburger Paß, einst Ausspannstation an der Kreuzung des Rennsteigs mit der »Judenstraße«, dem historischen Handelsweg von Nürnberg nach Leipzig, und ein wichtiger Gebirgsübergang in der Kriegsgeschichte. Über den Coburger Paß zog 1547 Kaiser Karl V. nach der den Schmalkaldischen Krieg entscheidenden Schlacht. 1757 zogen sich über diesen Paß die Reichstruppen nach der verlorenen Schlacht von Roßbach gegen die Truppen Friedrichs des Großen zurück. 1806 marschierten französische Armeecorps über den Coburger Paß, um in den Schlachten von Jena und Auerstedt die Existenz Preußens vorerst auszulöschen.

Asphaltiert geht es zur **Schildwiese** an der Grenze von Thüringen und Bayern. Ein Gedenkstein erinnert an die erste gesamtdeutsche Rennsteigwanderung von 1990, ein Wappenstein von 1725 markiert die historische Grenze zwischen Sachsen und Bayreuth. Parallel zur *Frankenwald-Hochstraße* leitet der Rennsteig im Wald zur (1988 abgebrannten) Gaststätte **Waidmannsheil**, in der 1896 auf Initiative von Ludwig Hertel und Johannes Bühring der Rennsteigverein gegründet wurde. Gleich darauf ist der Ferienort **Steinbach am Wald** erreicht.

50 Steinbach am Wald – Schönwappenweg – Blankenstein

Schlußetappe der Rennsteigwanderung

Talort Steinbach am Wald: Die am Rennsteig gelegene Gemeinde (600 m) ist ein Erholungsort im Frankenwald im oberfränkischen Kreis Kronach.

Ausgangspunkt: Wasserscheiden-Obelisk an der Kreuzung des Rennsteigs mit der B 85 oder Bahnhof Steinbach am Wald (600 m) an der Eisenbahnlinie Berlin – Saalfeld – Nürnberg – München. Steinbach am Wald liegt an der B 85 Saalfeld – Kronach.

Weglänge: 28 km Streckenwanderung.

Anstiege: 300 Höhenmeter.

Gehzeit: 7 - 8 Stunden.

Einkehr: Steinbach (0 km), Brennersgrün (8 km), Grumbach (12 km), Rodacherbrunn (14 km), Blankenstein (28 km).

Karten: Topographische Freizeitkarte 1 : 50 000 Rennsteig, Blatt 5 (Thüringer Landesvermessungsamt).

Information: Fremdenverkehrsbüro Saale-Rennsteig (Harra, Blankenberg, Blankenstein), Rennsteig 2, 07366 Blankenstein, Tel. 036642-25871, Fax 036642-25872. Fremdenverkehrsverband Thüringer Schiefergebirge/Obere Saale, Parkstraße 5, 07356 Lobenstein, Tel. 036651-2339, Fax 036651-2269. Fremdenverkehrsamt Blankenstein, Rennsteig 2, 07366 Blankenstein, Tel. 036642-25871. Moorbad Lobenstein, Fremdenverkehrsamt, Graben 18, 07356 Lobenstein, Tel./Fax 036651-2543. Naturpark Thüringer Schiefergebirge-Obere Saale, Lehestener Str. 13, 07330 Probstzella, Tel./Fax 036735-72203. Fremdenverkehrsamt Saalfeld-Information, Markt 6, 07318 Saalfeld, Tel./Fax 03671-33950, www.saalfeld.de.

Mit dem »Schönwappenweg« berührt diese Etappe einen der von den alten Grenzsteinen her interessantesten Abschnitte am Rennsteig.

Vom **Wasserscheidenobelisk** in **Steinbach am Wald** folgt der Rennsteig der Straße an der **Zigeunerbuche** (Luther-Gedenktafel) vorbei zur **Lauensteiner Ziegelhütte** hinauf, zweigt dort rechts auf einen Forstweg ab und

erreicht am **Dreiwappenstein** den etwa 2 km langen **Schönwappenweg**: Wappen- und inschriftengeschmückte Grenzsteine aus der Zeit von 1515 (Kurfürstenstein) bis 1935 (Hakenkreuz in der Pranke des thüringischen Löwen) markierten die Grenzen von Bamberg, Brandenburg, Sachsen, Thüringen und Bayern. Am **Kurfürstenstein**, dem ältesten Grenzstein (1513, Kurfürstentum Sachsen/Hochstift Bamberg), queren wir die Grenze der heutigen Staaten Bayern und Thüringen und folgen dem Rennsteig rechts Richtung Brennersgrün. Geradeaus erhebt sich der **Wetzstein** (792 m), der als Grenzberg zwischen Thüringer Schiefergebirge und Frankenwald gilt; auf ihm wurde 1902 der erste Aussichtsturm am Rennsteig eröffnet (1979 gesprengt, danach DDR-Radargipfel).

Nach Passieren des Dorfs Lehesten-**Brennersgrün** strebt der Rennsteig erneut der bayerisch-thüringischen Grenze zu, quert sie, zweigt bald darauf links ab, quert zum letzten Mal die Grenze der Bundesländer und tritt im Hang des Bergs **Hohe Tanne** wieder auf thüringisches Gebiet.

Das einstige Glashüttendorf **Grumbach** (Einkehrmöglichkeit) wird aussichtsreich im Norden umgangen, der Rennsteig taucht in den Wald, überschreitet den **Finkenberg** (726 m) und senkt sich in das Dorf Titschendorf-**Rodacherbrunn** im Quellbereich der zum Main entwässernden Rodach hinab; Rodacherbrunn liegt an der Mittleren Handelsstraße, einer historischen Paßstraße zwischen Franken und Thüringen. Im Gasthaus soll Napoleon gerastet haben, als er 1806 zu den Schlachten nach Jena und Auerstedt zog.

Ab Rodacherbrunn folgt der Rennsteig kurz der Straße Richtung Lobenstein und zweigt dann rechts in den Wald ab, wo er endgültig die Wasserscheide zwischen Thüringen und Franken verläßt: Von nun an bleibt er im Einzugsbereich der Saale (Elbe). Am Lobensteiner **Kulmberg** (Diabas-Steinbruch) vorbei führt der Rennsteig in das winzige Dorf **Schlegel**, leitet in aussichtsreicher Feld- und Wiesenflur am **Krä-**

henhügel vorbei und erreicht die **Ausspanne am Wiesbühl**, wo an der alten Poststraße Lichtenberg - Lobenstein früher die Pferde gewechselt wurden. Anfangs im Wald, dann aussichtsreich in Wiesen geht es weiter in das Dorf Harra-**Kießling**, bald darauf erreichen wir in **Blankenstein** das östliche Ende des pläncknerschen Rennsteigs.

Wer den Rennsteig in voller Länge begangen hat und sich in Hörschel einen Stein aus der Werra mitgenommen hat, wirft ihn nun am Ende des Rennsteigs in die Saale.

Stichwortverzeichnis

Die Zahlen hinter den Begriffen verweisen auf die Seiten.

NOTIZEN